KB267035

한국법교육센터 법교육총서시리즈 6

정치교육론

-민주주의 정치의 기본 원리와 과정-

Elements of Democracy

The fundamental principles, concepts, social foundations and processes
of democracy

Copyright 2007, Center for Civic Eduaction(CCE)
5145 Douglas Fir Road, Calabasas, California 91302
ISBN 0-89818-201-8

이 책은 미국의 법교육과 민주시민교육을 선도하고 있는 시민교육센터(CCE)의 저작물을
번역한 것입니다. 번역 출판을 허락해주신 CCE에 깊은 감사를 드립니다.

김 왕 식 옮김

민주주의 정치의 기본 원리와 과정

민주 시민 양성을 위한 정치교육 내용을 설명하기 위한 시도이다.

정치교육론

민주주의 정치의 기본 원리와 과정

초월적 존재

성서

역사적 위임

철학적/신학적 지식

전통/관습

인민 주권/ 동의

한국학술정보㈜

법교육 총서 시리즈는 자녀 안심하고 학교보내기운동 국민재단 오주언
이사장님이 출연해주신 학술기금을 바탕으로 발간되고 있습니다.

법교육 총서 시리즈를 펴내면서……

법교육은 건전한 법의식 함양을 통해 자신의 권리를 분명히 인식하고 사회에 적극적으로 참여할 수 있는 시민을 길러내는 민주시민교육의 핵심적 영역입니다. 법관련 전문가를 길러내는 것을 목표로 하는 법학교육과 달리 청소년 및 일반 시민의 법의식 함양을 목표로 한다는 점에서 차이가 있습니다. 전통적인 의미에서의 법교육은 어느 나라에나 있었지만, 민주시민교육으로서 법교육은 1950년대 초반 미국에서 처음 시작되어 크게 확산되었으며 현재 일본, 대만, 영국, 독일, 프랑스 등 각국에서 활발하게 이루어지고 있습니다.

우리나라에서도 학계에서 법교육에 대한 논의가 산발적으로 이루어져오다가 7차 교육과정에 '법과 사회' 교과가 독립되고 한국법교육학회가 설립되는 한편, 법무부에서 강력한 의지를 가지고 법교육 사업을 펼치면서 법교육이 확산되는 과정에 있습니다. 법교육 관련 학술연구와 프로그램 개발 등을 목표로 2006년 1월 자녀안심하고 학교보내기 운동 국민재단 산하에 설립된 한국법교육센터에서는 이러한 법교육 연구의 내실을 다지고 이론적 기반을 제공하기 위해 국내외 법교육 관련 학술 서적과 연구 성과를 묶어 '법교육 총서 시리즈'로 발간하고 있습니다. 본 시리즈가 법교육에 관심을 가지고 있는 연구자 및 현장 교육자분들께 보탬이 되길 기대하며 아울러 법교육 관련 연구성과나 번역물을 출간하실 계획이 있는 분들은 한국법교육센터로 연락주시기 바랍니다.

　　정치학을 강의하는 교수들은 정치학 입문에 해당되는 과목을 개설할 때 약간의 어려움에 직면한다. 그러한 어려움은 두 가지 측면에서 발견된다. 하나는 정치 현상을 학생들에게 이해시킬 수 있는 기본 내용으로서 무엇을 가르칠 것인가를 결정해야 한다는 점에서 그렇다. 학자에 따라서는 민주주의의 핵심 내용과 정치 행동의 기반을 이루는 이데올로기적 측면을 강조하기도 하고, 정치체제 형태와 정치구조를 강조하는가 하면, 정치과정의 제 측면을 강조하기도 한다. 특히 정치교육의 가장 근본적인 목적을 건전한 민주시민을 양성하는 것으로 이해 할 때 무엇이 주된 내용이 되어야 하는가를 결정하는 것은 중요하다. 다른 하나는 정치 현상을 이해하고자 정치 교육에 포함된 내용이나 개념들을 어떻게 간결하게 설명할 수 있을 것인가 하는 고민이다.

　　'정치교육론: 민주주의 정치의 기본원리와 과정'으로 역자가 새롭게 이름을 붙인 이 책은 이러한 고민들에 대한 하나의 해결책을 제시해주고 있다. 우선 이 책은 정치 교육의 내용에 포합되어야 할 주요 주제들을 체계적으로 정리하여 포함시키고 있다. 원래 이 책은 미국에서 민주주의 정치 교육 프로젝트의 일환으로 개발된 것으로서, 시민교육에 관심을 기울이고 있는 대표적인 정치학자 15명이 편향된 시각이나 부정확한 논의에 치우치지 않도록 장기간의 대 토론을 거쳐 완성한 것이다. 그런 의미에서 이 책의 주된 내용은 민주시민 양성을 위한 주류 정치학 내용을 중심으로 이루어져 있다고 할 수 있다. 이 점에서 무엇을 가르칠 것인가를 나름대로 체계적으로 정리해 놓은 것이라 할 수 있다. 또한 이 책은 관련 주제의 내용을 아주 간결하게 서술해 놓았다는 장점이 있다. 그러면서도 관련 쟁점들을 빠트림 없이 부각시키고 있어 정치 현상에 대한 폭 넓은 이해를 가능하게 하고 있다.

번역을 하는 것이 얼마나 어려운 것인가 하는 것을 다시 한번 깨닫게 되었다. 역자는 이 책을 번역함에 있어서 가능한 한 원문의 표현에 충실하려고 노력하였다. 그러나 경우에 따라서는 문장상의 어색함을 극복하기 위하여 원 저자의 의도를 훼손하지 않는 범위에서 우리말 표현에 어울리도록 하였다. 그럼에도 불구하고 역자가 저자의 의도를 충분히 살리지 못하였거나 오역된 부분이 있다면, 그것은 전적으로 역자의 책임이다. 그러한 점에 대한 독자들의 질정과 관대한 이해를 바란다.

오늘날 역자를 학문의 세계로 이끌어 주신 일민 윤형섭 선생님과 이 사회에 대해 감사드린다. 또한 이 훌륭한 책을 소개해 준 곽한영 박사에게 감사드린다. 끝으로 가족을 비롯하여 나에게 사랑을 베풀어주시고 조용히 지켜봐 주시는 많은 분들에게 감사를 드린다.

2008년 5월

이화여대 연구실에서 **김 왕식**

차 례

Contents ····

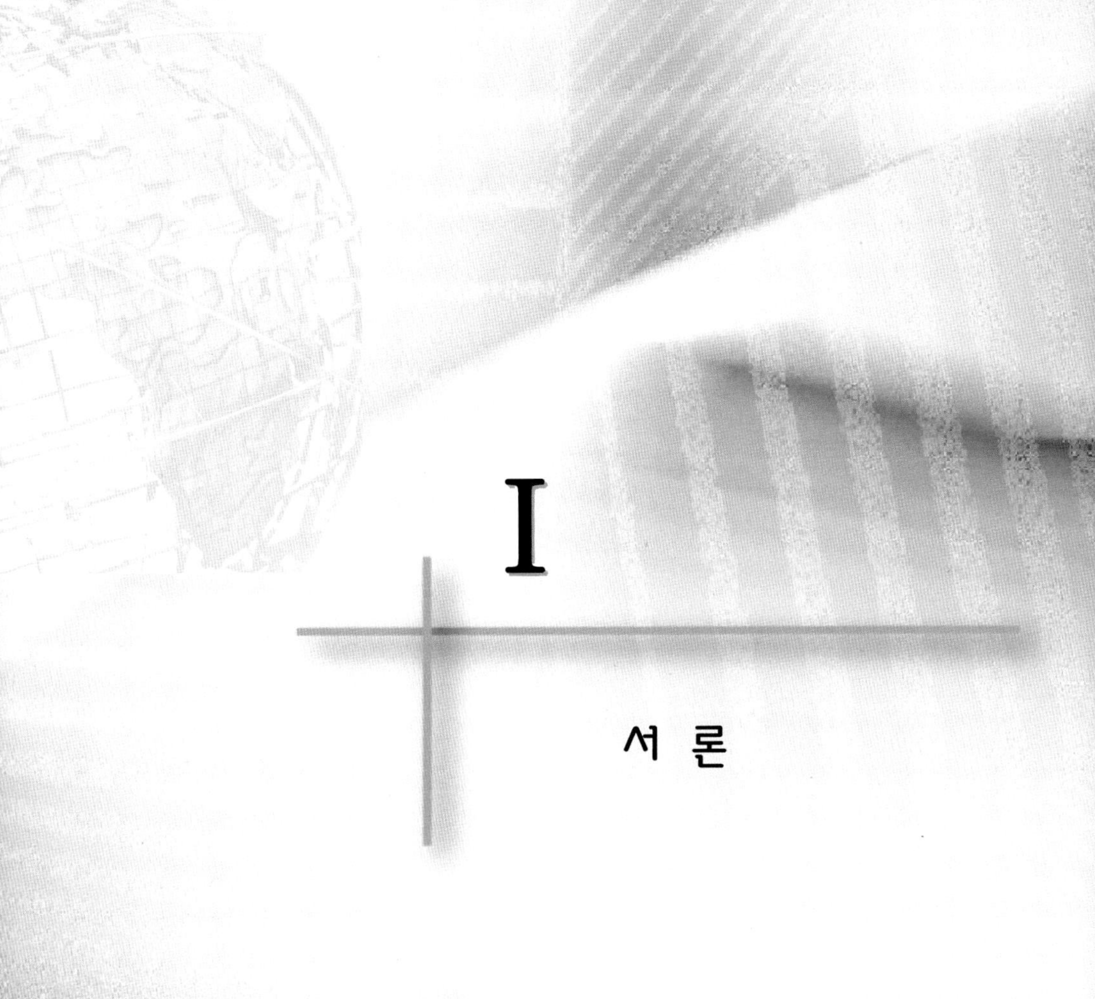

I

서 론

민주주의라는 개념은 단순하지 않다. 가장 기초적인 수준에서 우리는 민주주의를 "인민에 의한 통치"라고 생각한다. 그러나 이 진부하고 상투적인 문구가 우리에게 말해주는 것은 거의 없다. 우리가 "민주주의"라고 일컫는 것을 구성하는 복잡한 이념들을 깊이 탐구하기 위해서는 그것들이 기초하고 있는 일련의 개념들을 연구해야 한다.

정치교육론: 민주주의 정치의 기본원리와 과정 (민주주의의 원리) 은 민주주의의 용어를 구성하는 일련의 개념들을 설명하기 위한 시도이다. 미국, 서유럽 그리고 이러한 정부의 형태를 채택해온 다른 나라들의 민주주의는 "자유 민주주의"로 알려져 있다. 이 용어의 의미는 설명이 필요하다.

그래서 여러 많은 개념 중, 오늘날 시민 담론에서 가장 빈번하게 사용되는 단어 중의 하나인 "시민 사회" 또한 설명이 필요하다. 이것은 사람들이 생각할 수도 있는 "사람들이 서로에 대해 정중한 사회"를 뜻하지 않는다. 실제로 오늘날의 사회과학자, 교육자 그리고 여타의 사람들에 의해 사용되는 것처럼 "정중한 태도"가 함유되어 있지만, 그러나 그것의 핵심적 의미는 더욱 복잡하다. 시민사회에 대해 통용되는 개념의 핵심에는 정부로부터 독립적인 자발적인 결사체라는 이념이 있다. 그러나 대부분의 사람들이 현재 통용되는 것처럼 "시민 사회"에 대한 이 핵심적인 의미에 대해서는 동의하지만, 사회의 어느 부분이 포함되어야 하는지에 대해서는 의견이 일치하지 않는다.

2천년 전 정치학의 체계적 연구가 시작될 때, 아리스토텔레스는 이 연구에서 "우리는 연구 주제가 인정하는 것보다 더 명쾌한 것을 찾으려 해서는 안된다"라는 유명한 말을 했다. "시민 사회" 이념과 같이 민주주의의 용어를 이루는 많은 개념들은 어느 정도 이의가 제기되었거나 다른 면에서 불투명하다. 이러한 현실은 정치 담론에 관여하는 사람들 간에 각각의 용어가 무엇을 의미하는 지에 대해 완벽한 합의를 이루는 것은 영구적으로 가능하지 않다는 것을 의미한다.

비록 그렇다 하더라도, **정치교육론: 민주주의 정치의 기본 원리와 과정(민주주의의 원리)**의 목적은 민주주의의 이론과 실제를 둘러싸고 있는 기본적인 전문용어의 의미나 의미들에 대해서 합리적으로 생각할 수 있도록 설명하고자 하는 것이다. 동시에 방금 지적한 이유로 여기에 쓰인 어느 것도 다루어진 여러 주제들에 대한 "결정적인 말"로써 간주될 수는 없다. 우리가 간결하게 이 용어의 "원리"로 제시하고자 하는 것은 독자들이 민주주의에 관한 대화에 참여할 수 있도록 다루는 주제를 가능한한 명쾌하게 하기 위해서이다.

우리는 민주주의를 이해하고 토론하기 위해 필요한 복잡한 용어에 대한 이해를 촉진시켜 독자들이 민주주의의 기초가 되고 있는 논쟁뿐만 아니라 중요성에 대해 더 깊게 조사하게 되기를 희망한다. 아무튼 이념은 중요하다. 민주주의의 실제를 둘러싸고 있는 이념은 근대 사회의 가장 중요한 이념 중의 하나이다. 그리고 민주주의혁명이 전 세계를 휩쓸면서 진전됨에 따라 그 이념들은 그렇게 될 수밖에 없는 운명이었다. 그러므로 어른들 뿐만 아니라 젊은 사람들이 그것을 깊이 알도록 하는 것은 실로 당연한 것이다. **정치교육론 : 민주주의 정치의 기본 원리와 과정(민주주의의 원리)**이 공헌하고자하는 것은 이 "앎"에 대한 첫 번째 단계를 밟는 것이다.

Ⅱ

정치와 정부

1 정치와 정부의 본질

　정치는 사람들이 모여 사는 어디에서나 발견된다. 정치는 사회의 우연적인 현상이 아닌 꼭 필요한 것이다. 주의를 기울일 필요가 있는 인간적 요구나 딜레마는 모든 공동체에서 발생한다. 이러한 이유 중 하나는 모든 공동체는 공동체의 외부 방어와 국내 안전을 제공하는 것이 필요하다는 것이다. 다른 요구들도 많이 있다. 그러한 것 중에 분쟁을 해결하기 위한 절차가 필요하다. 만약 분쟁이 폭력으로 이어진다면, 전체 공동체의 안전은 위협받게 될 것이다. 경찰과 법정과 같은 정치적 과정을 통해 세워진 구조만이 체계적으로 그러한 요구를 충족시킨다.

❝정치와 정부의 필요성❞

정치와 정부는 사람들이 모여 사는 곳 어디에서나 필연적으로 발생한다고 말할 수 있다.

▣ 한 집단의 사람들은 항상 하나 또는 그 이상의 집단적 의사 결정을 해야 하기 때문에 정치는 한 집단의 사람들이 모여 살 때 필연적으로 발생한다.

▣ 사람들은 개인이 혼자서는 이룰 수 없는 것을 집합적인 행동을 통해 목표를 달성하거나 문제를 해결하기 때문에 정치는 필요하다.

　▶ 정치와 정부 없이 개인과 집단은 그들의 잠재력을 만족시킬 수 없고 정부가 제공하는 공공의 안전을 위해 조직된 강제력 없이는 불안정하고 위태롭게 될 것이다.

▶ 한 가지 전통적인 관점에 따르면, 정치와 정부는 인간 진화의 자연적인 과정을 통해 발생한다. 가족과 다른 집단들이 고정된 장소에서 살고 그들만의 별개의 공동체를 만들기 시작하면서, 특정 형태의 집단적 의사결정 과정의 필요성이 발생한다. 이 관점에 따르면, 이러한 자연스런 과정이 정치와 정부를 필연적으로 나타나게 한다는 것이다.

▶ 다른 전통적인 관점에 따르면, 인간은 고유의 도덕적 결함이 있고 그들의 도덕적 결함이 정부를 필요로 하기 때문에 정치와 정부가 발생한다는 것이다. 예를 들어, 실질적으로 우리가 알고 있는 모든 인간사회에서는 사회적 삶이 계속적으로 유지되도록 하기 위해서 반드시 해결되어야 하는 구성원 사이의 폭력적인 충돌 사례를 발견할 수 있다. 이러한 충돌은 가족 간의 분쟁부터 재산 또는 소유권 그리고 사회 규칙에 이르기까지 많은 쟁점을 포함한다.

“ 정치와 정의의 추구 ”

정치적 삶은 "사회의 질서"와 관계가 있다고 볼 수 있다.

여기에서 "질서"는 사회가 반드시 가져야하는 일반적인 형태를 말한다. : 사회는 기본적인 자유주의적 자유를 보장해야하는가? 사회에서의 종교의 위치는 무엇인가? "복지국가"가 있어야 하는가? 그렇다면 어떤 조건을 바탕으로 해야 하는가?

■ 정치는 정의 즉, 모든 사람들에게 당연히 주어져야 할 것들이 정의의 기준에 따라서 제공되는지와 관련된 것으로 보일 수 있다. 자주 발생하는 질문들은 다음과 같다. 무엇이 정의 사회인지에 대한 공적 합의가 있는가? 어떠한 방법으로 그리고 어느 정도 사회는 정의로운가? 정의를 추구하는 수단 그 자체가 부정의 할 수 있는가? 사회 전체를 공포에 만연시키는 것과 같은 특정 방식을 통해 정의를 추구하는 것이 아주 비참한 사회로 하여금 개선을 추구하도록 만들 수 있는가?

〝정치의 정의〟

정부 시스템 내에서의 정치는 정치적 공동체에 관련된 사항에 대하여 집단적 의사 결정을 이끌어 내는 과정이라고 할 수 있다. 정치는 비폭력적 과정이며 폭력의 발생은 정치 붕괴의 신호이다. 철학자들은 정치가 명확하게 인간의 특성인 반면에 폭력은 짐승의 방식이라고 주장한다.

정치적 삶은 사람들로 하여금 자신들이 개인적으로는 성취할 수 없는 것들을 성취할 수 있게 한다. 정치적 공동체나 국가의 외부로부터 오는 침략에 대해 집단적 방어를 하는 것이 한 예이다. 다른 예로는 범죄로부터 나오는 내부적인 공격에 대해 방어하는 것을 들 수 있다. 집단행위의 또다른 결과는 모든 사람의 번영을 위해 필요한 도로와 수로 또는 믿을만한 통화와 같은 경제적 하부구조를 제공하는데 필수적인 도움을 줄 것이다.

❝정치와 정치가❞

정치는 정치 과정에서 리더 역할을 수행하는 사람들 없이는 이루어질 수 없다. 정치를 직업으로서 실행하는 이러한 사람들을 "정치가"라고 부른다.

❝정치에 관한 다른 관점들❞

정치학 연구자들은 정치가 어떻게 이해되어야 하는가에 대하여 다양한 견해-일반적으로는 상반되는-를 보여 왔다. 따라서 정치는 다음과 같은 것으로 간주되어져 왔다.

➡ 인간 활동에서 가장 높은 수준의 형태. 적합하고 질서 있는 방법으로 인간의 일을 규제하는 것은 최고의 의미를 갖춘 정치의 대상이다. 이 활동은 인간을 정치적 질서 안에서 살아가도록 태어난 "정치적 동물"로 정의한다.

➡ 집단적 선택이 이루어져야만 하는 희소성과 불안정이라는 조건 하에서 인간사를 조정하는 문제에 대한 필연적인 반응, 그리고

➡ 안전이나 사회 질서와 같이 조정이 요구되는 것들을 이루기 위한 필요악.

⁶⁶정부의 정의⁹⁹

정부는 정치권력의 제도화된 행사와 관련 있다.

🔲 정부는 공공 자원의 분배, 공적인 혜택과 부담의 분배, 갈등의 관리와 같은 일들에 관하여 구속력 있는 결정을 하고 실행하기 위한 권위를 가진 정치적으로 조직된 사회의 공식적인 제도로써 설명할 수 있다.

🔲 정부는 또한 다음과 같이 설명할 수 있다.

- ▶ 공동체의 주민, 영토, 자원 전반에 걸쳐 행사되는 권위적이고 제도화된 지도력, 명령, 통제
- ▶ 규칙과 정책을 만들고 집행하는 것을 통해 행사되는 공동체에 대한 지도력, 명령, 통제

⁶⁶정부, 정치 그리고 시민권⁹⁹

"당신은 정치에 관심이 없을 지도 모른다. 그러나 정치는 당신에게 관심이 있다."라는 말이 있다. 이 냉정한 논평은 정치적 삶에 대한 그들의 관심과는 관계없이 정치가 모든 사람들에게 여러 방식으로 영향을 끼친다는 사실을 내포한다.

몇몇 정치 체제에서는 정치적 결과는 일반 사람의 범위를 넘어 존재한다. 그러나 민주주의에서 "일반 사람들"이 국가에서 집단적으

로 가장 높은 직책을 가진다. 인민주권을 제일의 원칙으로 하는 정치 질서에서의 시민이라는 직책을 말한다.

➡ 정치와 정부는 사회적 삶에서 필수적인 것이다. 그리고 민주주의에서 일반 시민들은 정치와 정부의 행위에 대하여 발언권이 있다. 즉 그들의 운명에 대한 발언권이 있는 것이다.

»다음에 대하여
어떻게 생각하는가?

1. 당신은 정치가 필요하고 따라서 모든 사회에서 필연적이라는 것에 동의하는가?
2. 정치가 사회 속에서 발생하는 이유는 무엇인가? 어떠한 설명이 당신에게 가장 의미 있는가?
3. 당신은 "정의는 추구하는 것이다"라는 말에 대해 왜 그렇다고 생각하는가? 이는 진실일까?
4. 도덕적으로 말해서, 어떤 종류의 활동이 정치인가? 이는 높은 수준의 인간 행동인가, 아니면 낮은 수준의 인간 행동인가?
5. 당신은 정치와 정부의 관계를 어떻게 생각하는가?

② 정치적 권위

　권위는 사람들에게 행위를 하거나 하지 않도록 요구할 수 있는 **권리**이다. 힘을 가진 개인이나 집단의 의지에 복종하도록 사람들을 강제하는 **권력**과는 대비된다. 권위에 필수적인 요소가 되는 사람들에게 명령할 수 있는 도덕적 권리는 권력으로부터 권위를 결정적으로 구별하게 하는 정당성의 요소를 권위자에게 부여한다.

　정당한 권위에 대한 생각은(정상적 상황 하에서는) 그것이 **준수**되어야 한다는 것이다. 그러므로 권한을 존중하는 사람들의 필수적 특성은 **복종**이다. 적절한 범위 내에서 적절하게 작용하는 권위는 사람들의 존중과 복종을 요구하는 합법적인 권리이다. 그러므로 그것이 권위라는 이유만으로 지켜져야만 한다. 따라서 합법적인 민주주의 정부에 의해서 권위가 부여된 공직자가 사람들에게 적법한 요구를 한다면, 권위의 개념은 이런 공직자들이 권위를 부여받았다는 간단한 이유만으로 그들에게 복종해야 한다고 설명한다.

　정치적 권위는 "법률"이라고 알려진 구속력 있는 규범들을 만들고 집행하는 권리이다. 정치적 권력이 사람들로 하여금 권력을 가진 자의 정책이나 지시에 따르도록 하는 능력인 반면, 권위는 그런 권력을 수행하는 것에 올바르다는 것(정당성)을 보태주는 것이다.

　정치적 권위는 정치적 권력과 분리되어 이해될 수 있지만, 현실 세계에서는 권력이 결여된 정치적 권위는 본질적으로 불안정하다. 정치 체계 내에서 권위를 가지고 있지만 그것을 강제할 수 있는 능력을 잃은 자는 머지않아 권위도 잃게 된다. 법을 강제할 수 없다면 권위는 사회에 무의미 한 것이 되기 때문에, 그들 권위를 주장하는 것은 공허한 울림이 될 뿐이다.

❝ 정치적 권위의 원천들 ❞

정치적 권위의 기초로써 여겨져 온 역사적 원천과 최근의 원천은 다음과 같다.

초월적 존재　초월적 존재인 신은 정치적 권위의 기초로써 자주 언급되어 왔다. 예를 들어 이러한 주장은 "군주의 신권"이라는 교의로 군주의 권력은 신으로부터 직접 온 것이라고 주장하던 초기의 근대유럽에서 사용되어져 왔다. 이것은 "하늘의 위임"이 황제의 권위의 기초라고 주창했던 중국 왕조에서는 다른 형태로 사용되었다.

성서　성서 속의 규범, 법률, 종교적 교리들은 역사적으로나 오늘날에나 정치적 권위를 주장하는 기초로 이용되어 왔다. 유대교 및 기독교의 성경과 코란은 정치적 권위의 기초로 가장 두드러지게 주창되어 온 것이다.

역사적 위임　20세기에 공산당은 그들의 통치 기반으로써 대문자 H로 표기되는 역사의 권위성, 실제로는 역사의 신성성에 호소했다. 여기에서 역사는 공산당만이 발전할 수 있고, 공산당의 폭정을 정당화할 수 있는 목적을 갖고 있다고 언급된다.

철학적 / 신학적 지식　특별한 지식은 때때로 정치적 권위의 기초로써 언급된다.

> ▶ 예컨대 신정 통치를 하는 사람들 사이에서 특별한 지식을 갖고 있다는 주장은 절대적인 정치적 권위를 정당화하는 데 사용되어 왔다.

▶ 고대 그리스 철학자인 플라톤은 철학적 지식이 "철인왕"을 정당화한다고 주장하였다.

■ **전통 / 관습** 전통과 관습은 통치에 대한 세습적 권리가 아주 먼 과거로부터 있다고 주장해 온 군주의 정치적 권위를 포함하여 정치적 권위에 대한 합의를 정당화 한다고 종종 언급되어 왔다. 이러한 경우 "취득시효"의 개념은 사회에 기여한 합의는 역사적으로 전통의 권위를 가진다고 주장하는데 나타날 수도 있다. 과거에 사회에 기여해 온 것은, 현재에도 계속 유지되어야한다고 이야기된다. 이 관점에서 볼 때, 새로운 합의는 위험하고 사회적 와해와 혼란으로 이어질 수도 있다.

■ **인민 주권 / 동의** 민주주의에서, 최고의 권위(주권)는 국가의 시민들("인민")에게 집단적으로 있다고 말한다.

▶ 궁극적인 권위를 갖는 인민들은 자신들의 이름으로 통치하는 정치 제도에 반드시 동의해야만 한다.
▶ 민주주의 정치체제의 권위는 정치체제가 자신들의 기본적인 권리를 보호하고, 사회의 선("복지")을 증진시킨다는 조건하에서 사회의 구성원("시민")이 정치 체제의 정당성에 동의하는 사회와 정부간의 암묵적 합의(계약)로 이해된다.
▶ 민주주의에서 모든 정부의 권위는 정부가 인민이 동의하는 헌법적 합의하에 운영되도록 권위를 부여하는 시민들의 집합체인 인민들의 주권으로부터 파생된다.

❝ 정치적 권위의 범위 ❞

정치적 권위에 의해서 통치되는 대상의 범위는 정치 체제에 따라 다양하다.

▣ 정부에 제한을 가하는 정치 체제(민주주의 같은)는 이러한 제한들이 무엇인지 일일이 열거하고 있다. 이와 같이 민주주의는 구성원이 권위만으로는 정당하게 타협될 수 없는 어떤 기본적 "권리"를 가지고 있다고 생각한다. 정도는 다양하지만, 근대 민주주의는 개개인의 삶의 특정 영역은 정부의 통제 범위 밖에 위치한다는 "프라이버시"의 개념에도 충실하다. 이것들 중 대표적인 것이 종교적 신념인데 이는 정부가 어떤 방법으로도 명 할 수 있는 것이 아니다.

▣ 다른 정치 체제(권위주의 또는 전체주의 체제 같은)는 현대 민주주의가 개개인에게 남겨둔 삶의 영역까지 권위의 범위를 확장한다.

> ▶ 그럼에도 불구하고 권위주의 체제는 그들의 권위의 범위에 약간의 한계를 둔다. 예를 들어, 그들은 모든 독립적인 결사체들을 통제하지는 않는다.
> ▶ 전체주의 체제는 자신의 권위에 한계를 두지 않고, 자신의 권위를 삶의 모든 국면으로 확장한다.

" 권위에 복종하는 것에 대한 도덕적 의무 대 이해타산 "

권위를 부여받은 자들에 대해 경의를 표하거나 복종 하는 것에 대해 2가지의 이론적 근거가 있다.

▶ 복종에 대한 첫 번째 근거는 예외적인 상황이 없을 때, 정당한 권위는 그것이 권위라는 단순한 이유로 복종되어야만 하기 때문에, 사람들은 반드시 권위를 가진 자들에 대해 경의를 표해야 한다는 것이다. 이런 경우 사람들은 일반적인 상황에서 그러한 복종을 거부하는 것은 도덕적으로 잘못되었다고 믿는다.

▶ 권위에 대해 복종해야하는 두 번째 근거는 고통스러운 결과(처벌)에 대한 두려움이다. 만일 이것이 복종에 대한 유일한 근거라면, 권위에 복종하는 사람들은 권위를 존경하는 것이 아니라, 단순하게 고통스러운 결과를 피하기 위해서 행동하는 것이다. 복종은 단지 이해타산의 문제에 불과 하다.

" 정치적 권위에 복종하는 의무에 대한 제한 "

근대 민주주의자들은 기본적인 것 이거나 근본적인 것으로 고려되는 몇 가지의 개개인의 권리를 존중해야 한다고 믿는다. 민주주의적 개념에서 정치적 권위에 복종하는 개개인의 의무는 이러한 권리를 존중하는 정부의 묵시적이거나 혹은 명시적인 합의에 의해 **제한된다.** 이러한 관점에서 보면 정부가 이와 같은 권리들을 보호하는 데 실패한다면 정부의 권위에 대한 존중 의무는 경시되며, 극단적인 경우에는 끝나게 된다.

🔲 **시민 불복종**　　몇몇의 민주주의와 자유주의 체제는 "시민 불복종"이라고 알려진 정치적 권위에 대한 저항을 용인한다. 시민 불복종은 법 또는 정부의 정책이 도덕적으로 정당하지 않다는 것을 발견한 사람들에 의한 시민법의 비폭력적 파괴를 의미한다. 시민 불복종은 정치 체제 그 자체의 정당성에 대해서는 의문을 품지는 않는다. 그리고 정부가 그것을 통제하기 위해서는 제한된 수단들만으로(예를 들어서 무력행사는 절대로 정당하지 않다.) 대응해야 한다.

🔲 **혁명에 대한 권리**　　몇몇 민주주의 정치 이론에 따르면, 민주주의 국가나 체제하의 주권을 갖고 있는 시민("국민")들은 정부가 상당한 기간 동안 시민들의 기본적인 권리를 침해하는 상황일 때 정부에 대항하는 "혁명권"을 가진다.

≫ 다음에 대하여
어떻게 생각하는가?

1. 정치적인 권위란 무엇이며, 이것은 권력과 어떻게 구분되는가? 이것은 중요한 차이가 있는가? 그 이유는 무엇인가?

2. 정치적 권위의 범위는 정부의 형태를 정의하는데 어떤 도움을 주는가?

3. 정치적 권위에 대한 가능한 근거들을 비교해 볼 때 어떤 것이

설득력이 높은가? 왜 그렇게 생각하는가?

4. 만약 있다면, 어떠한 상황 하에서 시민들이 권위에 대한 복종을 거부하는 것이 정당화 될 수 있는가? "혁명권"사상은 정당화 될 수 있는가?

Ⅲ

민주주의의 개념과 기초원리

❸ 민주주의의 포괄적인 개념

민주주의는 2400여 년 전 고대 그리스에서 기원했다. "민주주의"라는 단어는 "인민에 의한 통치"를 의미한다. 이러한 정의는 우리에게 민주주의에서는 시민이 자신들의 국가를 다스린다는 것을 말해주는 반면 전 세계 국가에서 실행되기 때문에 민주주의 관념의 필수적인 부분을 빠뜨리고 있다. 인민들이 민주 정부를 설립하는 주요 목적은 **자신들의 권리, 이익, 그리고 복지를 보호하고 증진시키고자 함**에 있다. 민주주의는 개개인 각자가 정치적 공동체의 자치에 자유롭게 참여할 것을 요구 한다. **그러므로 정치적 자유는 민주주의 개념의 중심에 있다.** 근대 민주주의의 포괄적인 개념은 다음의 세 가지 주요한 요소를 갖고 있다. : 그것은 "민주주의", "입헌주의", 그리고 "자유주의다." 각각의 요소들은 진정한 민주주의의 실현을 위해서 반드시 정치 체제 안에 존재해야만 한다.

❝ 민주주의 - 자유롭고 공정한 선거와 다른 형태의 참여를 통한 인민에 의한 통치 ❞

▶ 인민주권은 - 인민이 궁극적인 권위자이고 정부 권력의 근거 - 민주주의의 기본적인 원칙이다.

▶ 모든 시민의 정치적 평등은 민주주의의 필수적인 원칙이다.

▶ 민주주의에서, 정부의 정당한 권력은 피지배자들의 동의에 근거한다.

▶ 자유선거와 다른 형태의 시민 참여는 민주주의에 필수적이다.

▶ 인민들이 지배한다면, 인민들은 누가 그들을 대신하여 정치적 권력을 행사할 지 결정하는 실질적인 수단을 가지고 있어야 한다.

▶ 인민들이 지배한다면, 인민은 공직자가 공직에 있는 동안 그들의 행동을 감시하고 이에 영향력을 행사할 수도 있어야 한다.

▶ 선거는 주권을 주장하는 인민들을 위한 실질적 수단의 핵심에 있다.

선거 그 자체만으로는 근대 민주주의의 필수요소를 충족시키지 못한다. 인민들의 의사가 효과적이기 위해서는 선거는 **자유롭고, 공정하고,** 그리고 충분히 **자주**해야 한다.

▶ "자유선거"는 모든 성인 시민들이 선거에서 투표할 수 있고, 공직에 출마 할 수 있다는 것을 의미한다. 공직후보자들이 유권자들에게 연설하는 것은 어떤 방식으로든 방해받지 않아야 한다.

▶ "공명선거"는 본질적으로 공정한 선거를 뜻한다. 유권자들은 투표하는 것을 방해 받아서는 안 되며, 모든 득표는 정확히 계산되어야 한다.

▶ "빈번한 선거"는 선거가 인민들이 정부에 대해 그들의 통제력을 행사 할 수 있도록 충분히 자주 실시되어야 한다는 것을 의미한다.

정부 감독관으로서, 인민들은 **정보**를 얻을 수 있는 대안적인 **출처**를 가지고 있어야만 한다.

> ▶ 단 하나의 출처, 특히 공식적인 정부 출처만으로는 충분하지 않다.
> ▶ 따라서 언론의 자유는 민주주의 정부의 필수적인 양상이다.

"입헌주의 – 법으로 정부를 제한하기 위한 헌법의 사용"

인민들이 정부에게 권력을 준 것은 억압하거나 남용하라고 준 것이 아니라, 그들의 근본적인 권리, 이익, 그리고 복지를 보호하기 위해서이다. 그러므로 그들은 정부의 권력을 "헌법"이라고 불리는 권위 있는 근본적인 법률에 의해 제한할 수 있다. 3 나라(영국, 이스라엘, 뉴질랜드)를 제외한 모든 민주주의 국가에서 헌법은 성문법이다.

헌법은 정부가 어떤 권력을 가질 수 있는 지를 명확히 지정하기 위해 사용되는 수단이다. 이러한 권력을 규정함으로서, 헌법은 그 권력을 제한한다. 이것은 정부가 오직 헌법에 규정된 바에 의해서만 권력을 행사할 수 있기 때문이다.

입헌 정부는 무엇을 하고, 또 어떻게 할지에 대해 실질적인 일들을 제한받는 정부이다.

정부는 법 안에서 행동하도록 제한받으며 편의에 맞는 규정을 만들 수 없다. 법은 통치하는 사람을 포함하여, 모든 사람에게 적용된다. **어느 누구도 법 위에 있지 않다.**

정부를 제한하는 핵심적인 수단은 기본법인 헌법으로 시작되는 법치주의를 확립하는 것이다. 그러므로 법치주의는 입헌주의의 가장 중요한 요소이다. (24장을 보라. 법의 지배)

🔲 독일이나 미국과 같이 정치 체제 내에 있는 사법부는 입헌주의를 시행하기 위한 사법 심사권이라는 권력을 갖는다.

> ▶ "사법 심사권"은 입법부에 의해 통과된 법이 국가의 헌법과 모순될 때 그것을 무효화하는 법원의 권력을 말한다.
> ▶ 이러한 사법 체계에서, 법치주의는 가장 기본적인 법인 헌법에 의한 통치로부터 시작된다.

🔲 몇몇의 법률 체계는 제한된 "입헌" 정부를 확립하기 위해 추가적인 수단을 사용한다. 사법 심사권과 결부된 헌법상의 "권리장전"은 입법, 법적 결정 그리고 정부 공직자의 행위가 기본권을 침해하지 않도록 하는 것을 보장한다.

❝ 자유주의 – 개인의 자유, 평등, 그리고 존엄 ❞

자유 민주주의는 개인의 도덕적 우위성과 모든 사람이 일정한 기본 권리를 지님을 인정한다. 민주주의의 주된 목적은 일상생활이 일어나는 실제 세계에서 이러한 권리들을 보호하는 것이다. 이러한 기본적인 권리들의 예는 다음과 같다.

🔲 종교 / 양심의 자유 – 어떤 종교든 갖거나 갖지 않을 권리
🔲 정치적 자유 – 예를 들면, 자신들을 다스릴 사람을 선택하는데

참여하고, 선거를 통해 자신의 의지대로 그들을 물러나게 할 수 있는 모든 시민의 평등한 권리

　　⇥ 전자 매체를 포함한, 언론의 자유.

　　⇥ 개인의 표현의 자유 – 구두로, 서면으로, 그리고 상징적으로.

　　⇥ 사생활 그리고 정부의 간섭으로부터 자유로운 삶의 사적인 영역과 프라이버시에 대한 권리

　　⇥ 공적이거나 사적인 결사의 자유에 대한 권리

　이 주제에 관한 깊은 논의는 17장. 자유와 자유주의에서 찾아 볼 수 있다.

» 다음에 대하여
어떻게 생각하는가?

1. 민주주의는 입헌주의, 자유주의와 어떻게 연결되어 있는가?
2. 종교, 양심, 그리고 표현의 자유는 왜 민주주의에 필수적인가?
3. 민주주의와 다수에 의한 독재 사이에는 어떤 차이점이 있는가?
4. 민주주의가 소수의 권리를 보호할 수 있는 방법을 생각해 낼 수 있는가?
5. 제한 정부가 민주주의의 목적을 충족하도록 하는데 얼마나 도움이 되는가?
6. 민주주의는 시민에게 어떠한 책임을 부과하는가?

⁴ 인민 주권

인민 주권은 민주주의의 기본 이념이다. 인민 주권이란 인민이 정부 권위
의 근본적인 원천이라는 것을 의미한다.

■ 인민 주권은 민주주의 정부가 **인민에 의한, 인민을 위한** 것－
즉 통치자들의 독자적인 이익을 위한 것이 아니라, 인민의 이익을
위한 것이라는 이념을 포함한다.

■ 인민들이 상호적으로 정부를 형성하는 것에 동의하였을 때, 그
들은 인민 주권의 역할을 수행하는 것이다.

■ 민주주의에서 정부는 **인민의 종**이다. 인민의 주인이 아니다. －
그러므로 나라를 통치하는 사람들은 **인민의 공복**이다. －그들은 그들
자신을 섬기기 위한 것이 아니라 오직 인민을 위하여 일하기 위해
공직을 가진다.

■ 민주주의에서 **인민은 최고의 정치적 권위**이다. 그들은 궁국적
인 통치자이다.

> ▶ 민주주의에서 정치적 권위는 **인민으로부터 나와** 국가(정치체
> 또는 국가)로 간다. －**국가에서 비롯하여 인민에게로 가는**
> **것이 아니다.** 그러므로 입법부 또는 공식적인 정치 질서(국
> 가)의 일부가 권위의 원천이 아니라 인민들 스스로가 입법부
> 에 법을 만들도록 권위를 부여하였기 때문에 모든 시민들은
> 입법부에 의해 만들어진 법을 준수 하여야한다.

> ▶ 인민 주권은 인민이 정부에 권위를 부여했을 경우에만 정부

가 권력을 행사할 수 있다는 것을 의미한다. 그러므로 인민
주권은 **정부의 권력을 제한**한다.

▣ 민주주의에서 인민은 **오직 자신들의 헌법에 명시된 목적을 위
해서** 자신들의 권위를 정부에 위임한다.

▣ 인민은 자신들의 정부가 설립된 목적을 성취하기 위해 **필요한
만큼의 권위만을** 국가에 위임한다.

▣ 민주주의에서 국가가 가질 수 있는 유일하게 정당한 권력은
오직 **인민들의 동의**에서부터 나온다. 그러나 현실 세계에서는 "피지
배자의 동의"에 대한 여러 가지 문제가 존재한다.

▶ 모든 민주주의는 시민들에게 선거나 다른 여러 가지 방법에
참여함으로써 정치 체제에 동의할 수 있는 기회를 제공한다.
그러나 다수의 시민들이 ─ 어떠한 경우에는 대단히 많은 시
민들이 ─ 투표나 자신들의 동의를 표현할 다른 방법들에 참
여하지 못한다. 정치 체제로부터 개인과 집단의 소외 현상은
근대 자유민주주의에 만연한 문제이다.

▶ 근대 사회는 과거 전통사회보다 친밀성과 결속력이 부족한
경향이 있다. 이러한 상황이 정치적 지위와 시민의 의무로부
터 소외시키는 현상을 널리 확산 시킬 때, 민주주의는 정치
체제에 "동의"했다고 말하기 어려운 상당한 수의 사람들이
있다는 것을 스스로 발견하게 된다. 명목상의 시민이라고 하
는 이런 사람들은 사교, 위험한 종교적 분파집단 그리고 폭
력과 옹졸함을 가르치는 정치적 집단과 같은 여러 극단주의

자들의 먹이감이 되기 쉬울 것이다.

▶ 다양한 이유로 민주주의의 정치 질서에 동의하지 않는 사람들을 어떻게 다룰 것인가는 민주주의가 위험에 처해있으면서도 외면하고 있는 심각한 문제이다.

▣ 민주주의 정부가 인민에게 위임받은 것보다 더 많은 권력을 요구하는 것은 **권력의 남용**이다. 정부는 자신에게 새로운 권력을 부여해서는 안 된다.

▣ 민주주의에서 인민은 **정부를 소유한다.** 정부는 인민의 것이며, 만약 정부가 자신들이 만족할 만큼 임무를 잘 수행하지 않는다면 인민은 법적인, 헌법적인 방법으로 정부를 교체할 수 있는 권리를 가진다.

▣ 하지만, 민주주의적 규칙 하에서 인민의 주권은 **절대적이지 않다.**

▶ 민주주의는 개인의 기본권들이 주권자인 인민일지라도 침해할 수 없는 권력의 범위 위에 존재한다고 생각한다. 결국 이런 권리들을 보호하고 보장하는 것이 민주주의의 첫 번째 목적이다.

▶ 그러므로 이러한 권리들은 전체의 국민이나 다수파의 권한 밖에 존재 한다.

1. 인민주권의 이념을 민주주의의 근본적인 이념으로 생각하는 이유는 무엇인가?

2. 인민주권의 이념을 지지하는 이유는 무엇인가? 이 이념의 기초는 무엇인가?

3. 인민주권의 이념에 반대하는 이유는 무엇인가? 인민을 주권의 근본으로 간주하는데 불리한 점이 있는가? 왜 그러한가?

4. 인민주권의 이념이 어떻게 제한 (입헌)정부의 이념을 뒷받침하는가?

5. 인민주권은 절대적이 아니라고 하는 이유는 무엇인가? 왜 이러한 이념이 중요한가?

5 민주주의에서의 "인민"

민주주의는 "인민에 의한 지배"를 의미한다. 그러나 "인민"은 누구인가? 민주주의는 한정된 영토 내에서 일단의 개인들에게 정부를 제공한다. 그러나 어떠한 개인인가? 이것은 필수적인 질문이다. "인민"을 정의하기 전에는 합법적인 민주주의가 성립될 수 없다. "인민"이 누구인지 결정할 때 고려할 중요한 사항은 다음의 내용들이 포함된다.

"인민"은 자신들을 하나의 단일체로 형성하고자 합의한 개인과 집단이다. 그들은 자신들이 만들었고 또 그래서 자신들을 **정치적으로 통합된 인민 또는 "정치적 인민"** 으로 만드는 헌법에 의해 성립된 국가 안에서 함께 살아가기 위해 그렇게 한다. 그들이 만든 국가가 정당하고 압제의 대리자가 아니기 위해서는, 헌법 하에 살고자 하는 사람들의 **자유로운 동의**는 필수적이다.

- ▶ 한정된 지리적 영역에 살고 있는 개인과 집단은 단순히 함께 사는 것만으로 "정치적 인민"이 될 수는 없다. "정치적 인민"을 구성하기 위해서는 그들은 단일의 민주주의 국가를 확립하기 위한 평등의 기반에 대해 상호간에 동의를 해야만 한다.
- ▶ "정치적 인민"으로 서로 함께 하기 위해서는, 한정된 영역에 살고 있는 사람들이 공동의 삶이 가능하도록 하기에 충분한 **상호간 관용을 베푸는** 관계로서 결합되어야만 한다.
- ▶ 민주주의적 정당성이 이룩되기 위해서는 소수파로 구성된 개

개인들이 공동의 민주적 국가를 형성하기 위하여 다수에 참여하는 것에 자유로이 동의해야만 한다. 한 영역에서 다수파의 사람들이 새로운 국가를 설립할 때 마지못해 하는 소수를 강제적으로 포함시키고 "다수결의 원칙"에 의해 이와 같이 강제적으로 포함시킨 것을 정당화하는 것은 정당한 것이 아니다.

▶ 개인과 집단이 단일 국가의 일부가 되는 것에 동의한 **다음에야** 합법적으로 통치되어 질 수 있고, 개개인으로써의 기본권도 항상 유지할 수 있다는 것이다.

▣ 민주주의 국가를 형성하는데 함께 동의한 "인민"들은 종종 다양한 종교적, 민족적 혹은 인종적 배경을 가지기도 한다.

▶ 둘 또는 그 이상의 민족을 가진 "인민"도 공통된 헌법 하의 민주주의 국가를 만드는 데 동의할 수 있다.

▶ 이 경우 논쟁되는 "인민"은 그들 스스로 단일한 "정치적 인민"을 형성한다. 그러나 그들은 민족으로써 자신들의 주체성을 유지할 수도 있다. 그들은 독립적인 민족적 주체성을 유지하면서도 공통된 시민적 주체성을 받아들일 수 있다.

▣ 이와 같이 민주주의 국가를 형성하기 위해 다른 사람들과 함께 할 때, 민족적 집단은 "국민"으로서의 일체감을 가질 수도 있다. 동시에 이러한 민족적 "국민"은 다른 사람들과 새로운 "정치적 국민"의 구성원으로서 이차적인 공통의 시민적 일체감을 공유하는 데

동의한다.

⊞→ 예를 들면, 스코틀랜드, 웨일즈, 잉글랜드는(그들 자체적인 국회를 가지고 있을 때조차도) 독립적인 일체감을 갖고 있는 "국민"이면서도 영국인이라는 커다란 "정치적 국민"의 일부로 남아 있다.

> ▶ 그러나 예를 들어 지역 토착민 또는 특정 소수 집단들이 자신들이 애착을 거의 느끼지 못하는 커다란 정치 공동체 안에 살고 있다고 하는 점도 인정해야만 한다.
> ▶ 모든 정치 공동체와 마찬가지로 민주주의도 그 자체의 문제점을 가지고 있다. 그리고 이러한 상황과 이런 집단을 다루는 것은 민주정체가 직면하고 있는 가장 어려운 딜레마 중 하나이다.

그러나 근대사회는 때때로 다수파가 자신들을 압박하거나 또는 자신들을 둘러싸고 있는 사회와 공통점을 별로 발견할 수 없기 때문에 민족적 또는 종교적 집단들이 정치체에서 소수파로서의 지위를 받아드리지 않는데서 오는 사회적 분열로 인해 혼란스러움을 겪는다.

⊞→ 이러한 경우 "정치적 국민"의 분열은 심각한 쟁점이 소수파들은 신뢰를 받지 못하거나 대체적으로 사회로부터 상당히 소외된다.

⊞→ 이러한 상황들은 결과적으로 종종 범죄, 약물남용, 테러리즘을 포함하여 폭력과 같은 병리현상과 더불어 정치적 극단주의, 비인기 집단의 소외 그리고 소수파의 궁핍화를 포함한 중요한 사회문제가 된다.

1. 공통된 헌법과 시민적 일체감으로 단일 "정치적 국민"을 형성하는데 동의한 공통영역에서 살고 있는 다양한 종류의 사람들 혹은 민족적 집단들의 이익들은 무엇인가?

2. 단일 국가를 형성하도록 동의하는 것에 실패한 국민 또는 민족적 집단의 결말은 무엇인가?

3. 헌법의 규정들은 어떻게 소수파의 권리를 보호하는가?

4. 다수파가 소수파에게 공통된 헌법 아래 살도록 압력을 가하는 것은 잘못된 것인가? 왜 그러한가, 아니면 왜 그렇지 아니한가?

6 민주주의와 평등

모든 시민의 정치적, 법적, 그리고 도덕적인 평등은 민주주의의 근본적인
가치이다. 이런 평등의 측면들은 민주주의 안에서는 이등 시민이란 존재하지
않는다는 이념으로 요약된다. 요컨대, 오래된 격언에 따르면 "각자는 한 사람
으로서 간주되어야 하며 한사람 이상으로 간주되어서는 안 된다."는 말이다.
정치적 평등의 민주주의적 원리는 어느 누구도 다른 사람을 지배할 권리를 가
지고 태어나지 않았으며, 그 누구도 정치적으로 복종할 의무를 갖고 태어나지
않았다는 점이다. 이러한 기본적인 정치적 평등 때문에, 정당한 정치적 권위
가 확립될 수 있는 유일한 방법은 피통치자의 동의를 얻는 것이다.

민주주의에서 평등은 다음과 같은 특성을 가지고 있다고 말할
수 있다.

- ▶ **정치적 평등**이란 각각의 시민이 선거에서 투표할 수 있으며
  공직에 입후보할 수 있다는 것을 의미한다. 어느 누구도 하나
  이상의 투표권을 가질 수 없으며, 선거구의 인구가 대체적으
  로 같아서 각각의 표는 거의 동일한 가치를 가져야 한다.
- ▶ **법적 평등**이란 모든 사람들(시민뿐만 아니라 비시민)이 법에
  의해 평등한 보호를 받을 권리를 누리는 것을 말한다. 그것
  은, 어떠한 사람도 인종이나 민족, 성, 또는 가문과 같이 타
  고난 것들 때문에 법에 의해서 차별받지 않는다는 것이다.
  또한 종교나 단체 가입 또는 직업과 같은 개인적인 선택 때
  문에 차별 받지 않아야 한다는 것이다.

▶ **도덕적 평등**이란 각각의 시민(대부분의 경우 비시민도)이 법률적 관점에서 그리고 정부의 정책에서 똑같은 관심과 존중 받아야 한다는 것을 말한다.

⏩ 법에 의한 평등한 보호에 의해 보장되는 민주주의적 평등의 가장 중요한 형태는 "기회의 평등"이다. 이것은 법이 어떠한 사람에게든지 교육, 고용, 주택, 그리고 정치적인 권리와 같은 다양한 공공재를 추구하는 기회에 있어서 불공정하게 불이익을 가할 수 없다는 뜻이다.

▶ 민주주의에서의 정책들은 **조건의 평등**("기회의 평등"에 반대되는 것으로써 "결과적 평등")을 촉진하는 점에 있어서 대단히 다양하다. 그러나 부 또는 조건에 대한 "결과의 평등"은 민주주의의 이념에서 본질적인 것은 아니다.

▶ 그러나 민주주의는 중간 계층이 결핍된 커다란 부의 격차가 있는 사회에서는 제대로 작동하지 못하는 경향이 있다.

⏩ 민주주의에서는 각각의 시민들의 공식적인 평등을 넘어서는 명백한 비공식적인 "평등의 정신"이 존재한다고 말한다. 사회 속에서 민주주의가 심화될수록, 평등의 이념은 대개 사회적 관습과 도덕관으로 확대된다. 이러한 성숙한 민주주의의 양상들은 발전하는데 상당한 기간을 요한다. 비공식적 평등의 예는 다음과 같다:

▶ 시민들은 경제적 그리고 사회적 지위에서 차이가 있을지라도 서로 동일한 존중심을 갖고 대한다.

▶ 개인의 갖고 있는 특질, 인종, 성별, 가문과 같이 타고난 것
보다 사회적 평가를 더 중요시한다.
▶ 사회적 계층 의식과 계급간의 적대감이 쇠퇴하고 있다.

경제적 번영을 촉진하는 자유와 기회의 평등이 상당한 기간 지속된 결과로서, 정치적 안정과 함께, 중산층이 부자와 빈자사이에서 성장하였다. 많은 "중산층"은 안정된 민주주의 국가에서 가장 중요한 특징이다.

»다음에 대하여
어떻게 생각하는가?

1. 왜 평등의 다양한 형태가 민주주의에 필수적인가?
2. 민주주의에서 정치적, 법적, 도덕적 평등은 어떠한 자리에 있는가?
3. 민주주의에서 충분히 많은 중산층이 있는 것이 중요한 이유는 무엇인가?
4. 기회의 평등과 조건의 평등의 차이점은 무엇인가?
5. 불평등의 존재는 어떻게 민주주의의 토대를 장식하는가?
6. 비공식적인 "평등 정신"이 민주주의에 있어서 중요한 것은 무엇인가?

7 공공선

인간행동의 이상으로써의 공공선("공공의 선" 또는 "공공의 이익"으로써 알려진)은 여러 문명에서 발견된다. 몇 세기 전, 중국의 지식 경세가는 "모든 개인은 나라의 흥망에 대해 책임이 있다"라는 유명한 말을 하였다. 서구 문명에서 공공선 또는 공익은 시민의 이상으로써 공공선을 성취하기 위한 노력이 시민의 최고 의무로 생각되어졌었던 고대 그리스와 로마공화정으로부터 비롯되었다. 몇몇의 근대 민주주의 체제는 공화정 전통에서 도입된 공공선을 제공하는 것을 그 민주주의 체제의 본질적인 목적이라 간주하기도 한다. 강조되든지 되지 않든지 간에, 공공선의 달성은 모든 민주주의의 목표이자 이상이다.

공공선의 개념

공공선은 여러 의미로 해석이 가능하다.

▶ 공공선에 대한 하나의 생각은 사회 일부의 이익에는 반하지만 사회의 모든 구성원들이 공유하는 이익을 말한다. 외부의 침략으로부터의 안전, 국내 질서유지, 경제번영도 있지만, 전염병을 억제시키는 것은 그러한 공공선의 한 예이다. "공공의 행복"의 전통적 개념은 공익 또는 공공선의 조건을 말한다.

▶ 공공선에 대한 또 다른 생각은 대다수 구성원들이 공통적으로 누릴 수 있는 이익을 제공한다는 관점에서 공공정책의 대안들을 평가하는 것을 말한다. 예를 들어 공공도로를 만들기 위해 개인 주택을 파괴하는 것과 같이 어떤 정책은 누군가의 이익을 침해하기도 한다. 그러나 이런 행동에는 정당한

보상이 있어야 한다.

▶ 공공선과 개인의 이익

공공선과 특정 이익은 종종 충돌할 수 있기 때문에 공공선은 종종 개인이나 단체의 특정한 이익과 대조된다. 어떤 경우에, 공무원이 뇌물을 받거나, 전염병에 감염된 사람이 격리되기를 거부하는 경우와 같이 개인이 공공선에 해를 끼치는 다른 방법으로 이익을 얻기도 한다.

▶ 특정 공공선 개념의 부인

민주주의는 구성원의 이해를 넘어서서 구성원을 단지 도구처럼 목적을 달성하기 위한 수단으로 생각하는 공공선 개념을 부인한다. 민주주의는 그것을 위해 전쟁에서 어느 한 시민이라도 희생될 수도 있는 국가 또는 민족의 영광과 같은 초월적인 공공의 영광을 공공선으로 간주하는 그 어떠한 이념도 부인한다. 민주주의이기 때문에 각 개인은 그 자체가 목적이 된다. 공공선은 개개인 이익의 합이자 이를 포괄한다고 할 수 있다. 예컨대 안전과 관련된 공공선에는 모든 개개인의 안전이 포함된다.

▶ 공공선의 일부로서의 개개인의 권리 보호

입헌민주주의는 공공선으로부터 개개인의 권리를 구분하는 것과 이를 상반된 가치로써 생각하는 것은 잘못된 것이라 주장한다.

▶ 특정 상황에서 두 가지가 대조적이라 할지라도, 민주주의자

는 기본적인 개인의 권리 보호가 공공선의 본질적인 부분이
라고 믿는다.

▶ 공공선의 일부로서 개인 권리의 관념을 받아들이지 않는다
면, 기본적인 개인 권리에 반대되는 사람들은 공공선이라는
이름으로 개개인을 억압하기 위하여 정부의 권력을 사용하
는 것을 정당화 할 수 있다.

▶ 그러므로, 개인 권리에 대한 어떠한 침해도 신중히 검토되어
야만 한다. 침해할 경우에도 사유지가 공공선을 위해서 공적
으로 수용될 때처럼 정당한 보상이 주어지는 경우와 같은
때에만 마지못해 인정되어야만 한다. 개인의 권리는 특정한
전염병에 걸린 사람들을 격리할 필요가 있을 때와 같이 몇
몇 강제하지 않을 수 없는 공공선을 위해서는 제한될 수 있
다. 이러한 경우에도 권리는 절대적으로 제외될 수는 없다.
그러나 특정한 조건 하에서는 합리적으로 제한될 수 있다.

▶ 민주주의자들은 전통적인 공화체제가 수 천 년에 걸쳐 시민
개인의 삶, 자유 그리고 재산의 보호를 가장 중요한 목표 중
의 하나로 간주하여 왔음을 회상한다.

▶ 기본적인 개인의 권리 보장은 모두에 의해 공유된 이익이므
로 따라서 공공선의 일부로서 정당한 것으로 여겨진다.

공공선을 위한 사적 이익의 희생

전통적인 시민의 사상은 공공선을 위해 사익을 희생한 시민을 존
경한다. 그러한 희생은 예를 들어 시간을 내어 하는 자원봉사, 그리
고 국방을 위해 생명과 신체의 위험을 무릅쓴 군사행동을 포함한다.

또한 수많은 공동체의 문제에 대해서 자발적으로 시간과 노력을 들여 일하는 시민도 포함된다.

📲 공공선과 민주적 숙의

민주주의자들은 공공선 이념을 완전히 적용하는 성과를 이루기 위해서 전체 공동체의 목소리가 공공의 의사결정을 위한 평의회에 수용되어야 한다고 믿는다. 결과 또는 목적이 토론에 의해 추구되어지기 때문에 공공선의 개념은 민주적 숙의를 기본 틀로 만든다. 통합된 관점에서 공공선을 추구하지 않을 경우 숙의는 효과적일 수 없다.

> ▶ 민주주의는 "모두에게 영향을 미치는 것은 모두에 의해 결정되어야만 한다."라는 원칙에 충실하다.
> ▶ 숙의는 몇몇 공공의 결정에 대한 판단을 하기 위해 다양한 관점과 많은 증거를 통한 변화 과정이라 말한다. 이상적으로, 민주적 숙의의 성격은 다음과 같은 예를 포함한다.
> - 독단적인 주장보다는 **성찰적인 태도**
> - 숙의 주제에 관련된 다양한 증거에 대한 **개방성**
> - 다른 관점에 대한 **존중**

📲 민주주의자들은 의사결정을 내리는데 있어서 민주적 숙의가 전체 공동체를 포함하는데 얼마나 실패하고 있는가, 그리고 가난한 자 또는 이익을 표출하지 않거나, 불감증이거나 소외된 자들의 목소리가 얼마나 수용되지 않고 있거나 침묵하고 있는가 하는 것을 인식하고 또 고려하여야만 한다.

⬛ 공공선의 불확정성

많은 경우에 있어 공공선이 무엇인가에 대해 결정하는 것은 어려운 일이다.

- ▶ 외부 침략으로 부터의 안보와 같은 몇몇의 상황에서는 공공선을 어떻게 달성할 것인가는 논쟁의 대상이 되긴 하지만 무엇이 공공선인가는 분명하다.
- ▶ 종종, 공공선에 관해 경합되는 주장이 대중 토론을 다 차지하며, 그리고 어떠한 관점도 오류가 없다고 주장할 수는 없다.
- ▶ 무엇이 공공선인가를 정하는 것은 민주주의 체제의 공적 삶에 있어서 지속적으로 탐구해야할 대상이며, 경합하고 있는 대안을 열열이 지지하는 사람들도 어느 정도의 겸손과 중용을 가질 것이 요구된다.

≫ 다음에 대하여

어떻게 생각하는가?

1. 공공선의 어떤 개념이 가장 설득력이 있는가? 왜 그렇게 생각하는가?
2. 공공선의 이념이 시민의 개인적 권리를 위협하는가?
3. 왜 민주주의는 특정 공공선의 개념을 부인하는가?
4. 어떠한 상황 하에서 시민들은 개인의 이익보다 공공선을 우선할 것을 요청 받게 되는가?
5. 공공선은 어떻게 공공 정책에서 시민적 숙의의 일부분을 형성할 수 있는가? 어떠한 예를 생각할 수 있는가?

8 다수결의 원칙 / 소수의 권리

"다수결의 원칙 / 소수의 권리"는 근대 입헌 민주주의의 중요한 개념이다. 이 개념이 중요한 이유는 민주주의 정부라도 원하는 어떠한 것이든 할 수 있는 것은 아니며, 민주주의의 기저에는 제한이 있다는 입헌 민주주의의 중요한 개념을 나타내기 때문이다. 입헌 민주주의에 배태되어 있는 제한 중 하나는 다수에 의해 선출된 정부는 소수의 기본적인 권리도 존중해야 한다는 것이다. 따라서 입헌 민주주의에 있어서, 다수의 **지배**라는 이념은 소수의 권리와 접목되어야만 한다. 이것이 신뢰할 수 없다면, 민주주의는 기껏해야 소수를 자의적으로 다룰 수 있는 권한을 부여받은—민주주의적 이상에 따라 그려지는 버젓하고, 공정하고, 정당한 정부의 반대가 되는—다른 형태의 독재일 뿐이다. 수세기동안, 민주주의에 관한 저술가들은 다수파가 가지는 잠재적으로 압도적인 권력을 인식하고 있었고, "다수의 횡포"에 대한 두려움으로, 그것의 영향력을 줄이기 위한 방법을 모색하여왔다.

"다수"가 의미하는 것 —중세 유럽에서 "다수"는 왕국에서의 "영향력 있는 부분" 또는 "**중요한 부분**"이라는 라틴어에서 유래했다. 이 용어는 일반인 보다 많고 중대한 영향력을 가지는 소수의 귀족을 말한다. 그러나 민주주의적 사고의 등장과 함께, "모든 사람은 다 한 사람으로 간주되어야 하며, 어느 누구도 한 사람 이상으로 간주되어서는 아니 된다"라는 정치적 평등의 원칙은 사회적 위치가 아닌 숫자가 "다수"를 결정짓는다는 것을 의미한다.

"소수"가 의미하는 것 —"소수"라는 단어는 하나 이상의 의미를 지닌다. 그것은 민족, 정당, 종교, 종파와 같이 곧바로 식별될 수 있는 집단들을 의미할 수 있다. 또 더욱 단순하게는 어떠한 투표에서 든지 패배한 쪽을 의미할 수도 있다. 득표에서 이기면 "다수"이고 패배하면 "소수"가 되는 것이다.

▶ **헌법적 필수 사항** ─공동체를 구성하는 모든 요소들이 공동의 헌법을 받아들이는 것은 "다수결의 원칙"이 "다수파의 독재"가 되는 것을 방지하는 데 반드시 필요하다. "다수결의 원칙"은 명시된 정치적인 공동체의 모든 구성요소들이 공동의 헌법 하에 살겠다고 동의를 한 **이후**에만 적용될 수 있는 것이다. 이 이념을 존중하는 것이 실패하면 사회는 내란의 위험에 처하게 된다.

▶ **"다수 지배" 원칙의 필요성** 성공하기 위해서, 민주주의 국가는 의사결정을 위한 실질적인 절차를 채택해야한다.

- 만약 결정을 내릴 때 정치체제 내 모든 시민들의 동의가 필요하다면, 아무런 결정도 내릴 수 없을 것이며 민주주의도 곧 붕괴 될 것이다 .
- 만장일치가 아닌 원칙들이 민주적인 의사 결정과정에 적용되어야 한다. 민주주의에서 모든 시민들이 정치적으로 평등하기 때문에, 몇 가지 형태의 다수결 원칙의 채택은 성공적인 민주주의를 위한 유일한 현실적 수단으로 보인다.
- 그러나 입법안이 통과되기 위해서 "압도적 다수"가 (예, 2 / 3 득표) 필요한 경우, 그 효과는 소수파가 유효한 거부권을 행사하기 때문에 소수파 지배의 한 형태가 된다고 주장할 수 있다.

▣ **"소수 권리" 원칙의 필요성**　　민주주의에서 "소수 권리"는 이미 언급한 것들 이외의 이유로도 필요하다. 소수파 집단이나 개인이 제안되어 있거나 현존하는 헌법 하에 살아갈 것에 동의하는 경우에 한해서만, 정치체체는 민주주의가 될 수 있다.

> ▶ **집단**　　민족적인 혹은 종교적인 집단과 같은 사회적으로 나뉘진 어떠한 소수의 집단도 자신에게 가해질 자의적인 지배의 위험에 대해 동의하지는 않을 것이다. 그 집단의 구성원들은 개인으로서 자신의 기본적인 인권을 존중받을 수 있는-즉 "소수 권리" 원칙을 존중하는-정치체제에만 동의하게 된다.

> ▶ **개인**　　집단에게 적용되는 동일한 원칙이 집단보다 더 약하고 다수파의 압도적인 힘으로부터 보호하는 것이 더욱 필요한 개인에게도 적용된다. 따라서 민주주의는 다수파에 의해 투표에서 질 수밖에 없는 개인들의 기본권을 존중해야 한다.

> ❝**다수결 원칙이 다양하게 적용되는 것으로 다음과 같은 것이 있다**❞

▣ **"협의 민주주의"**　　"협의" 민주주의는 "다수결 원칙"에 의해 포함되는 것보다 폭넓은 합의에 의해 통치 받는 것을 동의한 서로 다른 공동체들에 의해 구성된다.

▶ 다른 민주정부에서와 같이 "다수결 원칙"이라는 원리를 시행하는 대신 협의 민주주의는 사회를 구성하는 각 요소들 사이에서 전반적인 합의가 이루어질 것과 제안된 중요한 공공 정책이 입법화되기 전에 전반적인 만족감을 얻어낼 것을 요구한다.

▶ 어떤 경우에 있어서는 사회가 공식적으로 뚜렷이 서로 다른 공동체로 나뉘어져 있으며, 각 공동체는 그가 반대하는 법을 거부할 권력을 가진다.

● 거부권은 예를 들어 보스니아-헤르체코비나 또는 스위스와 같은 연방 내의 각각의 공동체에게 부여되어 있다.

● 거부권은 대개, 다른 것을 배제하는 것은 아니고, 연방에 속한 특수한 집단의 각 문화적 특성을 보호하는 것과 관련되어 있다.

▣ **민주적 절차의 다양성**　여러 종류의 선거는 유권자의 2 / 3 혹은 3 / 4같이 과반수보다 더 많은 득표를 요구할 수도 있다. 이렇게 큰 다수를 "중다수"라고 한다. 그 크기는 정치체제에 따라 다양하다. 다수결 원칙의 다양성을 보이는 예는 다음과 같다.

▶ 선거제도가 선거에서 승리 후보는 적어도 50% 득표에 한 표 더 얻어야 할 것을 요구할 수 있다. 과반수 득표자가 없다면 상위의 두 후보들은 결선투표를 치러야 한다.

▶ 선거는 승리 후보들이 다른 후보들 보다 많은 표("다수득표")를 얻을 것을 요구하기도 한다. 이런 선거 방식을 "1위

득표제"라고 한다.

▶ 선거제도는 선거나 국민투표가 유효하기 위해서 투표권을 가지는 유권자 중 과반수(혹은 더 많은 수)가 투표하는 것을 요구하기도 한다.

▶ 국민투표, 특히 헌법 개정에 대한 선거는 중다수를 요구하기도 한다.

▶ 입법부에서 특정 법안이 투표에 부쳐질 경우에 다수결의 원칙은 전형적으로 다양하게 나타난다. 중다수를 요구하는 몇 가지 경우로 헌법 개정, 대통령 거부권의 재의결, 조약 비준이 있다.

»다음에 대하여
어떻게 생각하는가?

1. "다수파"와 "소수파"라는 용어의 의미는 무엇인가?
2. "다수결의 원칙"과 "소수파의 권리"라는 원칙은 왜 필요하고, 그들의 관계는 무엇인가?
3. 다수결의 원칙 / 소수파의 권리라는 원칙의 어떠한 다양한 형태가 일부 민주주의 국가에서 보이는가?

9 민주주의와 인권

민주주의의 기본적인 원리는 주권자인 인민이 **특정한 기본적 권리를 보호하기 위한** 업무를 수행하는 정부를 가지고 있는 정치적으로 조직된 사회를 설립하는 것이다. 이러한 권리는 전통적으로 신의 의지 그리고 / 혹은 자연에 근거한 것이라 인식되어 왔다. 전통적으로, 이러한 권리들은 "생명, 자유 그리고 재산" 또는 "생명, 자유, 행복 추구"의 권리로 설명되어져 왔다. 20세기에는 이러한 관념들이 발전되고 확장되어 "인권"이라는 개념으로 알려졌다. 어떤 사람들은 이 "권리"를 일련의 의무라고 설명하며 또 다른 이들은 모든 나라가 준수하기 위해 노력해야 하는 일련의 갈망하는 목적 또는 가치라고 설명한다. 인권 개념은 세계 도처에서 발견되고, 국제적 차원에서도 중요하다. 정부가 인권을 존중해야 한다는 요구는 전 세계에서 들리고 있다.

➡ 고유하고 평등한 권리　　인권은 **단순히 인간이기 때문에 모든 사람들에게 고유하고 평등한 권리**로 생각되는 기본권이다. 인권은 인격체에 필수적 요소이다. 예를 들면, 만약 사람들이 어떤 선택을 자유롭게 하지 못한다면, 누구도 완전한 인간이 될 수는 없을 것이다.

▶ 인권은 정치적으로 조직된 사회의 구성원으로서 갖게 되는 권리들과는 구별된다.

▶ 후자의 권리들은 국가에서 만들어지고 시행되는 법에 의해 창조되는 것이다.

▶ 반면에, 인권은 태어날 때부터 누구에게나 속하는 것으로 이해된다. 인권은 다른 사람에게서 **빼앗길** 수도 없고 심지어 자기 스스로 포기할 수도 없다.

■ **인권은 정부에 의해 부여되는 것이 아니다**　인권은, 그것이 인간의 한 부분이기 때문에, **정부나 국가에 의해 "부여되는"** 것이 아니다.

> ▶ 태어날 때부터 모든 사람들이 인권을 가지고 태어난다고 생각되기 때문에, 인권은 국가와 정부에 앞서서 **선험적으로 존재하고 독립적으로 존재한다.**
> ▶ 인권은 정부에 의해 "부여받는" 것이라기보다는 **이미** 존재하고 있는 것으로써 단지 정부에 의해 **인정**받는 것일 뿐이다.

■ **민주주의와 인권의 관계**　민주주의와 인권은 친밀히 관련되어 있다.

> ▶ 인권이 누구에게나 적용되는 것으로 생각되는 것처럼, 민주주의는 국가가 인권을 보호하고 촉진시키기 위하여 가장 직접적으로 설립된 형태의 권위 아래 모든 사람들의 근본적인 권리를 보호하기 위해 설립된 것으로 생각한다.
> ▶ 따라서 민주주의와 인권의 관계는 일종의 수단과 목적으로 생각될 수 있다. 이러한 관점에서 민주주의는 인권의 보호라는 목적이 성취될 수 있게 해 주는 수단이다.

■ **인권의 종류**　전통적으로 인권의 내용은 "생명, 자유, 재산권" 또는 "생명, 자유, 행복추구"를 위한 신으로부터 보장받은 권리 또는 자연권으로부터 비롯된다. 20세기에 인권은 인간 존엄성과 복지를 위해 요구되는 권리로 여겨졌다. 이러한 관념은 타고난 고유한 가치라는 기독교적 관념과 인간의 존엄성이 사회적 기반으로써 강조되었

던 중세 유럽에 그 뿌리를 두고 있다.

> **개인적이고 정치적 권리** 이것은 자유와 자기표현에 필수적인 권리이다. 언론과 결사의 자유, 평등한 정치 참여의 권리, 법원으로부터 공정한 사법적 절차와 경찰로부터 인도적 대우를 받을 권리, 그리고 사생활 보호의 권리
> **경제적이고 사회적 권리** 실례로 재산의 취득, 사용, 양도를 위한 권리가 포함된다. 자유 시장에 참여, 노동조합의 설립과 노동 쟁의, 자신의 의지에 따른 직업의 선택과 변경, 그리고 기본적 생활수준
> **문화적 권리** 실례로 자신들의 언어, 종교, 문화에 따른 문화 집단들의 권리를 포함하고 있다.

문제점과 논쟁점들 인권에 관한 최근의 견해들은 다양한 문제점들과 논쟁점들에 대한 논의를 야기하고 있다. 인권에 대한 문제점 및 논쟁점들은 다음과 같다.

> **인권은 너무 많이 있다** "인권"이라 부르는 것은 너무 많기 때문에 정부에서는 이 모든 권리들을 제공할 수 없다. 인권들 중 필수적인 것과 필수적이지 않은 것을 구분하려는 노력은 거의 이루어지지 않고 있다.
> **공인받는 입법 행위의 부재** 새로운 인권 요구는 그것을 인정할 수 있는 공인된 방법이 없음에도 불구하고 국제적인 관심을 받고 있다. 국제적으로 공인받은 절차가 없기 때문에 어떤 인권이 합법적이고 어떤 것이 비합법적이라고 말하는

것은 불가능하다.

- 그러나 각 국가가 인권 협약을 비준할 때에는 경우가 다르다.
- 적법한 절차를 걸쳐 국내법으로 편입될 때 이러한 권리들은 입법적 정당성을 획득하게 된다. 즉, 권리들은 입법부에 의해 제정되어 지는 것이다.

▶ **기본권의 격하** 더 심각한 문제는 전통적으로 생명과 자유에 대한 권리와 같이 기본적으로 여겨지는 권리들이 가장 혜택을 받지 못한 자들을 위한 복지와 같은 다른 권리를 위해 희생될 수 있다는 것이며, 그렇기 때문에 권위주의적 정부를 정당화시키게 된다는 것이다. 그러한 정부는 흔히 이러한 논쟁을 벌여 왔다.

▶ **위태로워진 민주주의** 인권 목록은 민주주의 그 자체가 위태로워지게 될 상황까지 늘어나있다. 인권 목록이 충분히 광범위하고 포괄적이 되었을 때, 인권을 다른 방식으로 선택할 경우 그것을 위법한 것으로 선언함으로써 인권이 민주적 결정을 앞질러 방해하게 되었다.

인권에 대한 범세계적 증언 이러한 문제점과 논쟁점에도 불구하고, 인권에 대한 공적인 지지는 매일같이 전 세계에서 들리곤 한다. 인권 존중에 대한 요구는 국제정치적 삶에서 핵심적인 요소이다.

▶ 그러므로 인권 존중에 대한 범세계적인 노력은 그것에 대한 철학적인 기초와 그러한 인권을 인정하는 것에 대한 정당성을 둘러싼 어려움이 있음에도 불구하고 강력한 정치운동인

것이다.

▶ 이러한 권리 존중에 대한 부르짖음은 인류를 위한 도덕적인 것이고 대단히 절박한 것이다. 인권운동은 그것과 한 쌍인 민주주의를 위한 세계적인 노력과 함께 엄격하게 움직이는 우리 시대의 가장 중요한 정치적 추진력 중 하나로 남아있다.

≫다음에 대하여
어떻게 생각하는가?

1. 어떤 인권은 다른 것들 보다 더 필수적이고 기본적인 것인가?
2. 비록 동의하지 않았더라도 일부 또는 모든 인권이 국가에 의무적인 것이라고 생각할 수 있는가?
3. 너무나 기본적인 것이기 때문에 공적 논쟁의 주제가 될 수 없는 인권이 있는가? 있다면 어떤 것들인가?
4. 시민들 사이에 인권이 유린되는 나라에서 국가가 인권을 시행하기 위해 개입하는 것은 정당한가? 왜 그러한가? 왜 그렇지 아니한가?

🔟 민주주의와 대표

근대 민주주의에서는 수백만에 이르는 시민들이 법을 제정하기 위해 직접 만난다는 것은 비현실적이다. 그러므로 선출된 구성원들에 의한 의회가 주권자인 인민을 대표하기 위해 수립된다. 많은 정치 체제에서 전체 시민이 국민투표 그리고 다른 선거에서 공공 정책이나 또는 제안된 법안에 투표하는 것은 사실이다. 그러나 대부분의 경우 현대 민주주의에서는 국민 스스로보다는 대표된 의회가 법을 제정한다. 이런 이유로 '대의 민주주의'라는 용어는 현대 민주주의 체제를 설명하는데 사용된다. 그러므로 대의제도는 모든 현대 민주주의의 가장 중요한 특징이다. 그러나 대의제도는 단순하거나 간단하지 않다.

66 대표의 기초 99

대표는 몇몇 기준에 근거 한다.

지리적 대표　가장 일반적이고 가장 유명한 대표의 유형은 지리에 기반을 둔 인구의 대표이다. 국가의 영토는 "주(states)", "현(departments)", "도(provinces)", "군(counties)" 같은 용어로 식별되는 선거구로 구분된다. 다른 영역의 대표들은 이러한 선거구들을 다시 세분화함으로서 만들어질 수 있다. 대표자들은 각각의 지역으로부터 선출되고, 그들의 수는 일반적으로 그 지역의 인구수에 기초한다.

직능대표　시민들의 대표는 경제 체제 안에 있는 직업 집단 예를 들어 육체노동자, 전문가, 공직자, 사업경영자 등과 같은 직업

집단에 기초해서 간접적으로 이루어질 수도 있다. 이러한 대표는 공식적일 수 있고, 비공식적일 수 있다.

> ▶ "비공식적인" 대표는 고용된 로비스트나, 의원들에게 정보를 주는 자원봉사자들에 의한 입법부의 "로비"를 통해 이루어진다.
> ▶ "공식적인" 대표는 선거구에서 이러한 이익을 반영시키는 의원을 선출함으로써 또는 직업 대표에 대한 헌법 조항을 통해 이루어진다.

이데올로기적 대표　특정 이념(종교적 또는 비종교적 이데올로기)을 가지고 있는 시민들은 같은 이념을 가지고 있는 입법부 의원들에 의해 대표될 수 있다. 그러나 만약 그들이 입법 선거구에서 소수파라면, 같은 이념을 가지고 있는 다른 선거구의 입법부 의원들에 의해 대표될 수 있다.

" 대표의 방법 "

많은 방법들이 대표 의회의 대의원을 선출하는데 사용되어 왔다. 그 방법들 중 가장 일반적인 것 몇 개와 그것이 갖고 있는 장점과 단점은 다음과 같다.

소선거구제　각각의 선거구에서 한사람이 선출되는 것이다. 이 대의제도의 형식에서는 선출을 위해 과반수득표(50% 득표에 1표 더)보다는 다수득표(다른 후보자보다 많은 득표수)가 요구된다.

▣ **대선거구제**　하나 이상의 선거구를 대표하도록 다수의 후보자들이 선출되는 것

▣ **비례 대표제**　선거구 또는 국가 전체에서 거의 항상 정당과 밀접하게 관련된 다수의 후보자들을 선출한다. 각 정당은 그들이 받은 투표수에 비례하여 의원을 선출한다. 후보자가 선출되기 위해서 정당은 전체 투표수에서 최소 득표율을 충족시켜야만 한다.

▣ 장점과 단점

각각의 대표 방법들은 장점과 단점을 가지고 있다. 예를 들면 다음과 같다.

- ▶ **소선거구제**는 다양한 선거구에서의 타협과 연립 형성을 요구한다.
  - 여기서 장점은 사회적 파벌들은 그들의 후보자를 당선시키기 위한 연립을 형성하기 위해 서로 타협해야 한다는 것이다. 타협의 과정은 사회적 분열을 완화하는 경향이 있다.
  - 단점은 소수파의 이익과 관점이 비례대표제와 비교할 때 더 적게 대표되는 경향이 있다는 것이다.
  - 또한, 몇몇의 소수파 집단은 영구적으로 또는 지속적으로 소수파가 될 수도 있다. 그러므로 그들은 입법부에서 자신들이 대표될 수 있는 기회가 적거나 아예 갖지 못하고 있다고 느낀다.

▶ **"대"선거구제**

- 장점은 "대"선거구제가 더 넓은 지역의 문제와 이익 그리고 이에 반응할 의원들을 선출하기 위한 연합의 형성을 강조한다는 것이다.
- 단점은 대표해야 할 많은 선거구민과 많은 이익 때문에 "대"선거구는 효과적으로 대표할 수 없다는 것이다.

▶ "대"선거구제의 특수한 형태인 **비례대표제**는 종종 다수의 작은 정당이 의원을 선출시킬 수 있기 때문에 흔히 다른 제도에 비해 소수파의 이익을 잘 대표한다.

- 그러나 비례대표제는 특정 집단과 이익을 대표하는 다수의 정당으로 구성되는 파편화된 입법부(즉, 입법부가 정당들로 분열되어)를 만들어 내는 경향이 있다.
- 의원내각제에서 입법부는 형성되어질 정부를 위해 다수파를 만들어야만 한다. 이것은 협력을 시도하는 다수의 독립된 정당들을 가진 입법부가 안정적인 통치 연립의 유지하는 것을 더욱 어렵게 한다. 연립이 깨지면 정부는 "붕괴된다". (더 이상 통치할 수 없다) 그리고 권력을 장악을 위해 새로운 연합이 형성되어야 하거나 새로운 정부를 위해 선거가 이루어져야 한다. 그 결과 정부의 교체 때문에 공적 불확실성 또는 정치적 불안정이 초래된다.

▣ 정당은 민주주의에서 시민의 대표로 중요한 역할을 수행한다. 민주적 정부에서 정당의 지위에 대한 논의는 35장의 정당을 참고하라.

❝대표제도의 대안적 모델❞

▣ "위임대표" – "대리인 모델"

이 모델에 의하면, 선출된 의원들은 그 날의 논점에 대해서 자신의 판단을 행사해서는 안 되고, 자신들의 선거구내 다수파의 의지를 충실하게 반영해야 한다.

> ▶ 이 모델의 장점은 다수의 의지에 최대한 중점을 두기 때문에 보다 민주적이란 점이다.
>
> ▶ 이 모델의 단점은 선거권자들이 공공 정책의 논점에 대해 정보를 제대로 제공받지 못하거나, 잘못된 정보를 제공받을 수 있으며, 결과적으로 잘못된 결정을 내릴 수도 있다는 것이다. 이 모델은 의원들의 지식이나 경험을 행사하는 것을 부정하며, 따라서 의사결정에서 그들이 획득한 정보에 근거한 판단을 부정한다.
>
> ▶ 이 모델의 두 번째 단점은 입법부 내 심의의 중요성을 축소시킨다는 것이다.

▣ 독립적인 판단자로서의 대표자 – "수탁자 모델"

이 모델에 의하면, 선출된 의원들은 공공 이슈에 대해 자신 스스로 판단을 내려야 한다.

> ▶ 이 모델의 장점은 의사 결정과정에서 의원들은 공공 이슈에 대해서 전문적인 의사 결정을 하는데 있어, 때때로 오랜 경

험에 바탕을 둔, 쟁점에 대한 그들의 지식과 판단력을 사용할 수 있다는 것이다.

▶ 이 모델의 단점은, 결정을 내리는 데 있어 의원들이 다수파의 의지를 거스르는 결정을 내릴 수 있으며, 따라서 수탁자 모델은 보다 덜 민주적이 될 수 있는 것이다. 의원들이 공공선 그리고 선거구민들의 이익에 반하는 특정 이익에 의해 영향 받을 수 있다는 점이다.

≫다음에 대하여
어떻게 생각하는가?

1. 대표제도의 상이한 근거들의 장단점은 무엇인가?
2. 대표제도의 상이한 방법들의 장단점은 무엇인가?
3. 대리인 모델과 비교하여 수탁자모델의 장단점은 무엇인가?

🔢 정치학 용어: 일반적인 용어들의 의미

사람들은 종종 현대 민주주의의 몇몇 중요한 용어의 의미에 대해 혼란스러워 한다. 이 단원에서는 공통적으로 가장 잘못 이해하고 있는 몇 가지 용어에 대해 명확한 설명을 제공하고자 한다. 미합중국은 "공화정"인가, "민주주의"인가? 아니면 두 속성을 동시에 지니고 있는가? "민주주의"와 "대의정부"는 무슨 뜻인가? 둘은 같은 것인가? 시민들은 매우 자주 혼란스러워 하는 몇 가지 용어들이 있다.

66 민주주의 99

"민주주의"의 의미에 대한 논의는 이 책의 다른 곳에서도 찾을 수 있다. 여기에서 민주주의의 개념은 간결한 정의로 전달되는 것보다는 좀 더 복잡하다고 말하는 것으로 충분하다. 여기서 이해하는 것처럼 민주주의의 개념은 18, 19세기에 미국과 서유럽에서 태동하였고 20세기에 더욱 발전되었으며, 이제는 인간이 거주하는 모든 대륙에서 발견할 수 있는 민주주의 정부의 주요 요소들을 포함한다.

🔲 이렇게 이해할 때 자유선거와 평등선거뿐만 아니라 개인적 그리고 정치적 자유에 대한 이념은 "민주주의"의 고유한 요소이다. 게다가 "민주주의"는 모든 민주주의 정부의 일부분으로 존재하는 "법의 지배"라는 관념에 암시되어 있는 것처럼 정부에 대한 제한이라는 이념을 포함하고 있다. (24장 법의 지배를 보라.)

🔲 캐나다와 북아메리카의 미합중국과 같은 국가, 유럽연합의 국

가들; 아르헨티나와 브라질과 같은 남아메리카 국가들; 호주와 뉴질랜드와 같은 태평양 국가; 인도, 일본, 한국 등과 같은 아시아 국가; 말리, 남아프리카와 같은 아프리카 국가; 중동지역의 이스라엘은 일반적으로 민주주의로써 알려졌다.

"선거 민주주의"

일부 학자들은 "선거 민주주의"라는 용어를 도입해왔다.

➡ 이러한 정치 체제에서의 선거는 "민주적" 선거라 말할 수 있을 정도로 충분히 자유롭다. 그러나 이런 정치체제는 민주주의에 대한 다른 기준을 충족하지는 못한다. 이러한 국가는 "민주주의"로 취급되지 않는다. 오히려 전면적인 민주주의 기준에 충분히 부합하지 못한 채 민주주의의 한 가지 중요한 특성만을 지니고 있을 뿐이다.

➡ 따라서 "민주주의"란 자유롭고, 공정하고, 정규적으로 실시되는 선거 이상의 의미를 가진다는 점을 이해해야만 한다.

"공화국" vs "민주주의" : "민주 공화국"

미국 혁명 시기에는 "공화국"이란 용어의 의미는 정해지지 않았었다. 이 시기 이전에는 "공화국"은 어떤 종류이든 대표 의회를 가지고 있는 군주가 없는 정부의 형태로 이해되어 왔다. 이것 이외에 "공화국"의 의미는 그리 분명하지가 않았다. 하지만 미국 헌법의 주요 설계자인 제임스 매디슨은 **연방주의자**(1788)에서 **공화국**에 대해 다음과 같이 설명하고 있다.

- 권력이 국민들로부터 직접적 혹은 간접적으로 파생된다(인민 주권).
- 제한된 기간 동안(즉 제한된 기간 동안 누군가에 의해 임명되거나 선출된다) 또는 적법 행위를 하는 동안(법관과 같이)만 권력을 갖게 되는 관리들에 의해 통치된다.
- 대의 기구(대의 정부)를 가지고 있다.

대조적으로 민주주의는 "직접 정부를 조직하고 관리하는 소수 시민들로 구성된 사회"이다.

따라서 미국 건국 당시의 "민주주의"는 대표 기관이 없는 정부 즉 "직접 민주주의" 의미한다.

- 오늘날 **"민주 공화국"**이라는 용어는 군주가 없으나 주권자의 대표들이 통치하는 정부의 형태를 말한다. 대표들은 자유롭고 공정한 선거에서 모든 성인 시민들에 의해 선택되며, 민주주의의 다른 필수조건들은 충족된다. 따라서 이것이 국가가 공화국과 민주주의 둘 다가 될 수 있는 경우이다.
- **"민주 공화국"으로서의 미국**   따라서 미국과 또 그와 유사한 제도를 갖고 있는 국가들은 정확하게 "민주 공화국"으로 불렸다. 거의 모든 측면에서 18세기에 이해되었던 "민주주의"의 기준에 부합되지는 않지만 그 국가들은 진정으로 "민주주의 국가"이다. 하지만 20~21세기의 "민주주의"의 기준에는 부합된다.

▶ **"민주주의" 의미의 변화**　"민주주의"라는 단어의 의미는 지난 이백 년간 변화해왔다. 지금은 모든 성인 시민들이 공직에 나설 수 있고 투표할 수 있으며, "민주주의"가 요구하는 다른 기준도 충족시키고 있는, 자유롭고 공정한 선거를 실시하는 정부를 말한다.

▶ **공화국이면서 민주주의인 국가들**　그러므로 미국과 또 그와 유사한 국가들이 "공화정이나 민주주의는 아니"라고 말하는 것은 잘못된 것이다. 미국과 그와 같은 나라들은 **공화국이면서 민주주의 국가**이다. 그 국가들은 "국민 발의"(시민들이 법을 제안하고 선거를 통해 직접적으로 법령화한다.)와 "국민투표"(정부에 의해 공식화된 제안들이나 입법부에 의해 통과된 법들이 유권자들에 의해 표결된다.)같은 "직접 민주주의"의 요소들을 포함할 수도 있고 하지 않을 수도 있다.

"민주주의" "자유 민주주의" "의회 민주주의" 그리고 "입헌 민주주의"

오늘날의 용법에 의하면, 이 용어들은 일반적으로 같은 것을 의미한다. 인민들은 "민주주의"를 종교의 자유, 집회의 자유, 그리고 개인적 표현의 자유 같은 시민들의 기본적인 자유주의적 자유를 부정하는 정치체제가 포함된 것으로는 설혹 있다하더라도 거의 그렇게 생각하지 않는다.

🔳 "자유 민주주의" 용어에서 "자유" 라는 단어는 현재의 미국 내 "자유당"과 "보수당"사이의 정치적인 경쟁과는 아무런 상관이 없다. 이는 단순히 "자유주의적인" 자유라는 권위가 있는 목록을 지키려는 민주주의 용어일 뿐이다.

🔳 "의회 민주주의"는 요즘에는 가끔씩만 사용되는 19세기 유럽의 용어이다. 민주주의 제도의 대표적인 예인 영국의 입법부가 의회(parliament)였기 때문에 "의회(parliamentary)"라고 불렸다.

▶▶ **"사회 민주주의"** 스웨덴이나 독일같이 오늘날 "사회 민주주의"라고 불리는 나라들은 종교의 자유, 언론, 표현, 그리고 집회의 자유 같은 모든 기본적인 자유주의적 자유를 누린다. 이 점에 있어서 그것들은 "자유적 민주주의"의 여러 형태들이다. 다른 민주주의 국가들과 구별되는 것은 다음의 것을 가지고 있기 때문이다.

🔳 노동자, 특히 노동조합을 위한 특정한 경제적 권리를 부여하는 것이 헌법에 들어있는 특징이 있다. 그래서 독일 노동조합은 독일 기업의 이사회에서 자리를 차지하고 있다.

🔳 다른 민주주의 보다 더 발전되고 관대한 복지국가 혜택을 받는다. 이러한 혜택을 부여하기 위해서는 높은 수준의 세금을 과하는 것이 필요하다. 결과적으로 정부는 다른 민주국가들에 비해 실질적으로 국가 수입의 더 많은 부분을 소비하게 된다. 따라서 미국과 같은 국가는 국가 수입의 40% 미만을 소비하는데, 스웨덴 정부는 국가 수입의 약 50%이상을 소비한다.

"교도 민주주의" "직접 민주주의" "관리 민주주의" "인민 민주주의" 그리고 "사회주의적 민주주의"

각각의 용어들은 진정한 민주주의보다는 권위주적 정부 체제를 말한다. 오늘날의 세계의 모든 국가들 심지어 독재정권조차 말 뿐이라도 민주주의에 대해 칭찬을 아끼지 않는다. 인민들이 "민주주의"에 대해 말할 때, 대부분 긍정적인 측면으로 이를 언급한다.

⇨ 권위주의적 통치자들은 세계가 "민주주의"에 대해 좋은 견해를 갖고 있는 것에서 덕을 보기 위한 시도로서 자신들의 정부를 묘사하기 위해 이 용어를 사용한다. 따라서 그들은 자신들의 비민주적인 정부에 정당성을 얻고자 노력하는 것이다. 이 용어들은 결국 권위주의적 지배의 진실을 위장하기 위한 겉치레로 작용한다.

⇨ 이러한 정부의 예로는 수카르노와 수하르토 하의 인도네시아의 "교도 민주주의" 소비에트 연방과 그 위성국가였던 체코슬로바키아, 헝가리 그리고 폴란드 등의 "인민 민주주의", 그리고 현재 브라드미르 푸틴 대통령 아래 러시아의 "관리 민주주의"가 포함된다.

"입헌 군주제"

입헌군주제는 군주를 수장으로 하고 헌법으로 이를 제한하는 정치체제이다. 많은 유럽 국가들과 몇몇의 유럽 밖의 국가들은 군주를 가지고 있고, 또 입헌 정부를 갖고 있기 때문에 "입헌 군주제"로 불린다.

▪ 영국, 네덜란드, 노르웨이와 같은 유럽과 일본과 같은 다른 국가들의 군주는 실제적인 권력을 행사하지 않는다. 대신에 그들은 상징적인 역할을 수행하는 수장이다. 실질적인 권력은 민주주의적으로 선출된 공직자에 의해 행사된다. 따라서 이 정치체제는 어떤 형태의 군주제도 아닌 실질적인 민주주의 체제이다.

▪ 역사적으로는 군주가 실질적인 권력을 행사하였던 많은 입헌 군주제가 존재하였지만 다양한 헌법적 장치에 의해 제한을 받았다. 몇몇 입헌군주제는 오늘날에도 존재한다. 요르단이 그 하나의 예이다.

≫다음에 대하여
어떻게 생각하는가?

1. 정치 용어의 중요성은 무엇인가? 사람들이 어떤 용어를 사용하는지 그리고 다수의 사람들이 이 용어가 무엇을 의미하는지 이해하고 있는지가 중요한가?

2. 만약 한 국가에서 공정하고 자유로운 선거를 실시하지만 종교의 자유를 부여하지 않고 시민들의 의상을 관리한다면 이를 민주주의라고 부를 수 있겠는가? 왜 그런가? 혹은 왜 그렇지 아니한가?

3. 정치 용어가 공공의 논의를 형성하고 영향을 끼치는 것에 대해 어떻게 생각하는가? 그리고 당신의 관점을 설명할 수 있는 예는 무엇인가?

IV

민주주의와 시민권

🔢 민주적 시민권

　민주주의는 시민이 지지하는 경우에만 성공할 수 있다, 이것은 신생 민주주의 체제나 민주주의로 이행중인 사회에 있어서 특히 그렇다. **"민주주의자 없는 민주주의란 있을 수 없다"**라는 말이 있다. 즉 민주주의는 민주주의가 성공하기 위해서는 무엇이 필요한지에 대해 어느 정도 이해하고 있고, 또 그것을 위하여 행동하려는 의지를 가지고 있는 상당수의 시민 없이는 지속될 수 없다. 또한 **"자유란 공짜가 아니다"**라는 말도 있다. 민주주의는 민주주의 지지하는 자들의 지속적인 노력이 필요하다. 이러한 이유로 민주적 시민들은 시민으로서의 역할을 이해하고 그것을 달성하기 위해 행동하는 것이 필요하다.

　➡ 시민권은 "정치조직체(body politic)" 혹은 국가에서의 자격을 의미한다. 민주주의에서 시민들은 **집단적으로 정부를 소유한다.** 시민들은 오로지 자신의 이익을 위해 자신들의 정부를 수립하며 만약 정부가 자신들의 필요나 기대에 부합하지 않을 경우 투표를 통해 정부를 바꾸는 기회를 정기적으로 가진다.

　➡ 성공적으로 되기 위해서, 시민들은 자신들의 **공적인 역할을 받아들이고 이행**해야만 한다.

> ▶ 자신들의 역할중 하나로서, 민주적 시민들은 법을 제정하고 실행할 사람을 선택하는 선거기간 동안 정기적으로 그들의 주권을 행사하는 주권자인 인민의 일원이 된다. 주권자로서의 시민의 역할은 **참여**를 요구한다.
>> ● 시민들은 투표에서 결정을 내리도록 요청받은 일에 대해

알고 있어야 한다.

- 시민들은 공직에 선택한 사람이 민주주의와 민주주의적 가치를 지지하는 것을 최소한 정도만이라도 확실히 할 수 있도록 선거에서 투표를 해야만 한다.
- 시민들은 예를 들어 자신들이 가담하는 어떠한 조직이든지 그것이 민주주의적 가치와 제도를 보존하기 위한 헌신임을 확실히 할 수 있도록 선거가 없는 기간에도 책임 있게 참여하는 방법을 찾아야만 한다.

▶ 또 다른 역할로서 시민들은 자신들의 대표자가 만든 법률에 **복종**해야 한다. 이는 자신들이 동의하지 않았던 것들을 포함하여, **법을 지키려는 시민들의 의지**를 필요로 한다.

성공적으로 되기 위해서, 민주적 시민권은 **일정한 가치에 대한 헌신**이 필요하다. 이들 가운데 하나는 다음의 것이다.

▶ 개인의 근본적인 권리와 입헌 정부의 보존.
▶ 모든 개인과 소수파가 실질 정치의 완전하고 평등한 구성원이 되는 권리, 개인과 소수파가 자신들의 믿음과 견해 때문에 또는 성, 민족, 종교와 같은 몇몇 요인 때문에 받게 되는 위협과 협박으로부터 자유로울 권리를 포함하는 관용. 편협함이 광범위하게 나타나게 된다면, 이는 시민적 질서의 붕괴로 이어지며 민주주의 자체의 존재를 위협할 수 있다.
▶ 타협, 이것이 없을 경우 대립하는 정치적, 사회적 파벌 사이의 갈등의 평화적 처리가 유지될 수 없다.

▶ 공적 논쟁과 공공 정책을 다룰 때의 어조와 내용에 있어서
의 온건함과 공손함. 민주주의는 과장되고 타협 없는 광신적
분위기에서는 살아남을 수 없다.

≫다음에 대하여
어떻게 생각하는가?

1. 새로이 나타나고 있는 민주주의에서 어떻게 민주적 시민권의
가치를 발전시키고 유지할 수 있는가?
2. 민주주의가 유지되기 위해 시민들이 반드시 수행해야 할 의무
는 무엇인가?
3. 민주주의의 생존 위한 관용의 중요성은 무엇인가?
4. 갈등의 평화적 관리와 정치적 안정을 위해서 편협함이 가져올
결과는 무엇인가?
5. 관용이 필요하다면 개인과 사회에 어떠한 요구를 할 수 있는
가? 민주주의를 위해 필요한 관용을 어떻게 촉진시킬 수 있는
가? 관용의 한계는 어느 정도여야 하는가?

🔳 민주주의와 책임

민주주의 시대 이전 수세기 동안, 사회 통치와 복지에 대한 책임은 대개 다양한 이름으로 불리는 다양한 엘리트들의 수중에 놓여있었다. 몇몇의 엘리트들은 왕, 황제, 왕자와 같은 왕족으로 알려져 있었고, 다른 엘리트들은 고대 이스라엘의 판관, 고대 이집트와 아즈텍의 승려 집단과 같은 종교적 지도자였다. 다른 엘리트들은 일반적으로 토지 소유권과 관습에 권력 기반을 갖고 있는 "상류특권계층"로서 알려진 거대한 엘리트 집단의 구성원이다.

🔲 성장한 어린이로 대우받는 일반 시민들　이런 사회의 일반 시민들은 자치에 대한 책임을 질줄 모르는 일종의 성장한 어린이로써 다루어진다. 대신에 일반 시민들은 종종 부모의 역할을 한다고 명백하게 이해되는 전통적인 엘리트집단 지도하에 놓여있다. 따라서 이런 통치 체제는 종종 '가부장적'이라고 불려진다. 선거에 의해 왕권이 행사되는 비교적 원시사회와 같이 이러한 유형에도 변형은 있으나 그것들은 규칙이 아니라 예외일 뿐이다.

🔲 커져가는 권위에 대한 이의 제기　유럽에서의 권위에 대한 이의 제기는 로마를 중심으로 하는 기독교의 권위에 대항하는 마틴 루터의 반란으로서 본격적으로 시작되었다고 한다.

> ▶ 정치적 권위에 대한 이의 제기는, 혁명이 1649년의 국왕에 대한 참수형과 군주가 존재하지 않는 일시적인 공화국 체제의 도입으로 귀결된, 특히 17세기 영국에서 곧 뒤따라 일어났다. 정치적인 권위에 대한 도전은 18, 19세기 유럽과 미국

에서는 평범한 것이 되었다.

▶ 18세기는 "계몽 시대"라고 알려져 있는데, 그것은 철학자가 전통을 벗어던지기를 원했고, 또 오직 이성과 일치하는 그러한 믿음, 사회적 관행 그리고 합의만을 정당화하길 원했기 때문이었다.

■ **평민들은 "모험을 무릅쓰고라도 알기"를 재촉했다**　18세기 후반 어떤 철학가들은 공개적으로 평민들은 다른 사람이 자신들을 위해 생각해주는 것을 허용하지 말고, 대신에 **"모험을 무릅쓰고라도 알기"**라는 표어를 받아들여야 한다고 말하기 시작했다. 그것은 엘리트들이 자신들을 위해 생각하는 것을 허용하기보다 "그들 스스로 생각해야" 한다는 것을 말하는 것이다. 일반인들은 이전에 자신들이 해야 할 성인적인 사고를 대신 해왔던 사람들의 지시를 받음이 없이 "성장하여" 성인의 지위를 차지하고, 자신의 일을 지시할 수 있도록 요구 받아 왔다.

■ **민주주의와 책임 사이의 관계**　19세기 동안 세계 몇몇 지역에서, 그리고 20세기와 21세기에 많은 국가에 민주주의가 도래함으로써 민주적 시민의 중요성은 분명해졌다.

▶ 자신들의 복지를 위한 책임을 전통적인 권위에 남겨두지 말고, 시민은 스스로 책임감을 가져야 한다.

▶ 가장 간단한 표현으로 민주주의는 "인민에 의한 통치"이기 때문에, "인민"－즉 민주적 시민은 책임을 수행하는 의무를 떠맡아야만 한다. 민주주의와 개인의 책임은 서로 의존적이다. 이러한 관계가 없다면 민주주의는 몰락하고 말 것이다.

▣ 책임의 정의　　한 가지 측면에서 책임은 시민 자신과 가족, 공동체, 국가의 복지를 위해 행동한다는 과업을 수용하는 것을 말한다. 책임을 맡는다는 것은 개인들이 다음을 하는 것을 의미한다.

- ▶ 자신들의 행동이나 또는 행동하지 못한데서 오는 미래의 결과를 판단하기 위하여 통찰력을 사용한다.
- ▶ 자신 스스로의 행동에 대한 결과를 받아들인다. 그리고
- ▶ 좋은 결과를 촉진하기 위해 행동한다. ─그들 자신이 속한 공동체와 국가를 포함하여 자신들과 다른 사람들에게도 좋은 결과를 촉진하기 위해 행동한다.

▣ 책임과 의무　　책임의 또 다른 특징은 획득한 의무를 받아들이고, 그에 따라 행동하는 것이다. 이 점에 있어서, **일관성**이라는 관념은 일반적으로 "책임있는"것으로 간주되는 행위의 중요한 측면이다.

- ▶ 따라서, "책임 있다"고 알려진 사람들은 자신들의 의무를 이행할 것으로 기대되어지는 사람들이다.
- ▶ 반면, "책임 없다"고 여겨지는 사람들은 스스로의 행동이 가져올 나쁜 결과를 무시하고, 의무를 이행하지 못하는 행위 형태를 보이는 사람들이다. 그들은 "믿을 수 없다"고 여겨진다.

▣ 책임, 권위 그리고 민주주의　　대부분의 시민들은 질서를 유지하기 위한 권위가 지속적으로 존재하거나 개입하지 않아도 자기─규제를 할 수 있다고 가정하기 때문에 일반적인 의미에서 민주주의 사회에서는 "책임 있는" 시민이 필요하다.

▶ 범죄자에 대한 처벌의 위협이 모든 문명사회의 특징인 반면, 가시적이고 거의 일정하게 계속되는 권위 형태가 존재하는 것은-특히 명백히 보이거나 모습을 보이지 않는 경찰은- "권위주의적" 정부의 특징이다.

▶ 대조적으로, 발전된 민주주의의 가장 중요한 특징은 준법적이고 "책임 있는" 시민에 의해서 가능하게 된 것이지만 사회의 광대한 부분에 함부로 끼어들어 방해하는 권위체가 없다는 점이다.

▣ **책임, 민주주의 그리고 민주주의적 통치**　민주적 시민에 적용한다면, 책임은 자치 정부의 공식적인 제도에서 그리고 개인적이거나 공동체 자치의 비공식적인 업무에서 적극적인 역할을 수행해야 하는 도덕적 요구를 수용하는 것이라 말할 수 있다. 민주적 시민은 효과적인 민주주의의 유지하기 위해 필요한 것을 무시하는 것과 체제가 작동하게끔 하는 것을 다른 사람들에게 맡기는 것은 민주적인 정치 조직체의 일원으로서의 자신의 지위와는 일치하지 않는다는 것을 깨닫는다.

▶ 민주주의 맥락에서 **책임을 떠맡는다는 것**은 민주주의를 실천하는데 요구되는 특정의 도덕적 그리고 경우에 따라서는 법적 의무를 받아들인다는 것을 의미한다.

▶ **공식적인 책임**에는 예를 들어 투표가 포함되고, 또한 군대에 관여하는 것, 다른 국가적 봉사(해당 국가의 법에 따른), 배심원으로의 근무(적절한 법적 제도에서의), 또는 다른 시민적

봉사가 포함된다.

▶ **비공식적인 책임**에는 예를 들어 시민으로서 공동체의 시민 생활에 능동적으로 참여해야 하는 필요성을 받아들이는 것이 포함된다. 시민들은 자신의 공동체나 국가에 이익이 되는 몇몇 자발적인 단체나 행동에 참여할 수도 있다. 이러한 활동들은 자선 봉사 활동, 지역 사회 개발, 농축 활동, 타인에 대한 교육과 같은 활동처럼 무수한 형태를 가지고 있다.

≫ 다음에 대하여 어떻게 생각하는가?

1. "책임"을 진다는 것은 무엇을 의미 하는가?

2. 일반적 시민들이 자신들의 통치에 대해 책임지는 것을 제한하는 사회를 만들 수 있는 정당성은 무엇인가? 그러한 정당화를 납득할 수 있는가? 왜 그러한가?

3. 일반적 시민들이 민주주의의 번영을 위해 수행해야 하는 책임은 무엇인가?

4. 만약 다수의 시민들이 시민의 가장 기본적인 책임을 수행하지 않는다면 민주주의에는 어떤 결과가 나타날까?

5. 시민들이 건강한 민주주의의 유지하기 위해서는 어떠한 책임을 수행하여야 하는가?

14 민주적 시민의 권리와 책임

시민권은 정치적으로 조직된 사회에서의 회원자격이다. 민주적 시민권은 다른 것들과 같이 공적 지위로 여겨질 수도 있다. 그러므로 민주주의에서 시민이 주권자이기 때문에 그들은 집단적으로 그 나라에서 가장 높은 직책을 가진다. 모든 공직자들은 그저 주권자인 시민의 종—공복—일 뿐이다.

민주적 시민권은 민주주의의 핵심적 측면이기 때문에 시민들이 그들의 권리와 책임을 이해하고, 모든 시민의 공민권을 지킴으로써 민주주의를 수호하는데 진지하게 이바지하는 것이 근본적이다.

시민의 어떤 권리들은 모든 인간에게 공유된다고 여겨진다. 또 어떤 권리는 정치적으로 조직화된 사회의 헌법 하에서 만들어진 법의 산물이다. 첫 번째 일련의 권리들은 "인권"이라 불리고, 두 번째 것들은 법 아래의 권리 인 "법적 권리" 즉 법에 의해 만들어진 법 권리이다. 일부 예외조항은 있지만 권리는 의무를 수반한다. 즉 자기 자신을 위한 권리의 주장은 다른 이들에게도 비슷한 권리가 있음을 존중해야 하는 책임을 수반한다. 한 개인을 위해 주장된 권리는 반드시 다른 이들에게도 용인되어야 하기 때문에 이러한 관계는 "호혜주의"로 알려져 있다.

시민의 권리와 책임을 요약하면 다음 사항들을 포함하지만 그것들만으로 한정되지는 않는다.

" 시민의 권리 "

▣ 정치적으로 조직된 사회의 시민은 일반적으로 생명권과 정치적 그리고 개인적 자유로 시작되는, 단순히 인간이라는 이유로 적용된다고 여겨지는 모든 기본적인 인권을 계속하여 보유한다는 것이다.

■ 근본적인 권리는 다음 사항을 포함한다

- ▶ **정치적 권리**   예를 들어 자유롭고 공정하고 정기적인 선거에서의 투표권과 공직에 입후보할 권리, 그리고 정치적 발언과 결사의 자유.

- ▶ **경제적 권리**   예를 들어 재산을 소유할 권리, 시장에서 사고 팔 수 있는 권리와 시장에 기반을 둔 경제에의 권리, 노동조합을 만들고 가입할 수 있는 권리, 어떠한 일자리라도 그만 둘 수 있는 권리, 회사를 설립할 수 있는 권리, 지나치게 과도한 징세를 당하지 않을 권리.

- ▶ **개인적 권리**   예를 들어 양심과 종교의 자유; 표현의 자유; 결사의 자유; 사생활이 침해 받지 않을 권리; 자국에서의 자유로운 이전의 권리와 원하는 곳에서 자유롭게 살 수 있는 권리; 그리고 방해받지 않고 외국 여행을 할 수 있고 돌아올 수 있는 권리.

■ 어떤 권리는 다양한 형태로 다른 권리들과 관련되어 질 수 있다. 예를 들면 정치적 권리는 경제적 권리와 밀접하게 관련을 맺고 있는데, 만약 정부가 모든 혹은 거의 모든 재산을 소유하고 있거나 통제하고 있다면 정치적 자유를 위한 경제적 기반은 빈약하게 되거나 존재하지 않을 것이기 때문이다.

❝ 시민의 책임 ❞

중요한 책임과 시민의 의무는 다음과 같은 책임을 포함한다.

▣ 다음 사항에 대한 의무를 포함하여 국가의 헌법과 모순되지 않는 법을 준수할 책임

- ▶ 평화를 유지할 의무
- ▶ 납세할 의무
- ▶ 군대에 복무할 의무 그리고 / 또는 공공 서비스를 수행할 의무

▣ 다음 사항을 포함하여 국가의 헌법을 지지할 책임

- ▶ 헌법의 폐지를 지지하는 정치적 후보자를 거부할 책임
- ▶ 헌법에 모순되는 정책을 거부할 책임

▣ 민주적 선거에서 투표할 책임
▣ 공적 업무에 대한 정보를 갖고 있을 책임
▣ 시민 자신이 선택한 방법으로 공무에 참여할 책임
▣ 정치 지도자나 정부 기관이 헌법적 원리에 충실한지 감시할 것과 그렇지 않을 경우 적절한 조치를 취할 것을 포함하여 국가와 헌법에 충성할 책임

덧붙여서 시민들은 다음 사항을 하지 않을 책임을 갖는다.

- ▸ 민주주의와 국가의 적을 지지하는 행위
- ▸ 반역행위를 저지르는 것
- ▸ 반역행위를 은닉하거나 돕는 행위

▸▸다음에 대하여 어떻게 생각하는가?

1. 왜 권리의 보호가 민주주의에 가장 근본인 것인가?
2. 인권과 법에 의해 만들어진 권리는 어떠한 차이가 있는가?
3. 민주주의의 안녕을 촉진시키기 위해 시민들은 어떠한 책임을 가져야 하는가?
4. 공무원들이 헌법적 원리에 충실하도록 감시하기위하여 시민들은 어떤 책임감을 가져야 하는가?

🔢 민주주의에서의 시민의 역할

시민들은 민주주의 국가를 설립하고 운영하는 정치적 결사의 구성원이다. 민주주의 시민들은 집단적으로 자신들이 최고의 정치적 권위 또는 주권자임을 인식해야 한다. 즉 주권자인 인민의 구성원이라는 것을 인식해야한다. 주권자로서 그들은 자신의 정부를 가진다. ─그들은 국가의 헌법을 만들고, 유지할 것에 함께 동의한 시민들이다. 그리고 정부는 헌법을 실질적인 것으로 만들기 위해 설립된 것이다.

시민들은 국가(또는 "나라"), 헌법, 그리고 그 헌법 하에서 만들어진 정부의 존재에 계속적으로 권위를 부여하는 것으로 인식되어야만 한다. 즉 민주주의 국가가 정통성을 유지하도록 하기 위해서는 시민들이 그것이 존재하도록 지속적으로 동의해 주어야 한다는 것이다.

자신들이 조직한 "정치조직체" 구성원의 자격으로, 시민들은 공동의 시민적 일체감을 공유한다. 구성원의 지위는 보통 2가지 방법, 즉 출생 또는 귀화를 통해서 얻을 수 있다. 각 국가들은 출생에 의해서 시민권을 획득하는 것에 관하여 다양한 규정들을 가지고 있다. 귀화는 민주주의 국가마다 다양하지만 외국인("외지인")들이 자국 시민으로 태어난 사람들과 같은 권리와 의무를 지닌 시민으로 전환될 수 있도록 한 법률에 규정된 절차를 말한다.

❝ "공공 대리인"으로서의 시민 ❞

시민은 자신을 "공공 대리인"─즉 공공선이나 국가의 복지를 증진시키기 위해 전체의 대중을 대신하여 행위하는 자로써 생각해야한다. 비록 모든 시민들은 자신과 관련된 자신만의 특별한 이익을 가지고 있지만, 그들은 또한 전체적인 국익에 대해서도 책임을 가지고 있고 그에 따라 행동해야 한다는 것을 인식하여야만 한다. 민주주의가 안정되고 잘 기능하려면 시민들은 정치 체제에서 그들의 **공공의 역할을 받아들이고 수행**해야만 한다. 예를 들어, 민주주의 시민은 법과 공공정책을 만들 때 다양한 방법으로 참여한다.

시민의 선거 참여　　대의 민주주의 주권자인 인민의 구성원으로서, 시민들은 법을 만들고 수행할 정치적 대표자를 뽑는다. 그들은 때때로 공공정책의 몇몇 중요한 사안들을 결정하기 위하여 국민투표에서 투표한다. 그러나 선거에서의 투표는 민주주의 체제에서 시민들이 가진 많은 책임 가운데 오직 하나에 지나지 않는다.

시민들은 선거가 없는 기간에 공공의 정책을 감시하는 역할　　선거가 없는 기간에 시민들은 많은 다른 기능들을 수행한다.

▶ **공공의 감독자와 감시자로서 역할**　　선거가 없는 기간에 시민의 역할로 생각할 수 있는 한 가지는 **감독자와 감시자**로서 활동하는 것이다. 이러한 역할을 통해 시민들은 공공 업무를 주시하고 조사("감독자")하며 어느 면에서든지 공공 업무가 부당하거나 위험스러워 보일 때한 이에 경고할("감시인"으로서의 역할) 수단을 찾는다.

▶ **시민들은 공무를 감독한다.**　　공적 생활의 모든 면에 대해서 정보를 가짐으로써 공무를 감독한다. 이러한 방법은 다음 같은 것을 포함한다.

- TV, 라디오, 신문, 잡지 인터넷 등을 포함한 매스미디어에 관심을 가질 것.

- 정부의 공식적인 업무 처리 그리고 공식적이거나 비공식적인 정치적 모임을 포함하여, 공적인 회의에 참여할 것.
- 시민으로의 쟁점과 관련된 시민 사회 조직에 참여할 것.

▣ 시민들은 선거가 없는 동안 공공 정책에 영향을 끼치기 위해 행동한다　시민들은 정치적 쟁점에 대한 정보를 갖고 있음으로써 공무를 감독하는 것에 그치지 않는다. 공공 정책에 영향을 미치기 위해 다방면으로 참여한다. 예를 들면 다음과 같다.

- **"공공 의제"의 설정**　다양한 방법으로 자신들의 의견을 표현함으로써 시민들은 입법자와 행정 부서의 관심을 끌도록 하는 공공 정책의 중요한 쟁점들을 선택하는데 도움을 준다. 이러한 일련의 이슈들은 "공공 의제" 라고 표현될 수 있다.
- **공적 쟁점의 판단**　민주주의에서 여론의 영향력은 매우 강력한 편이다. 결국, 대중은 공직자들이 수행하고 있는 일들이 잘 되고 있는지 아니면 잘못 되고 있는지에 대한 궁극적인 판단자이다. 그러므로 시민의 또 다른 역할은 공적 쟁점에 대해 판단을 내리는 것과 공적 무대에서 그들의 판단을 표현하는 것이다.
- **공공 문제에 대한 의사소통**　공식적인 회합, 공공 행렬 그리고 시위에 참여하는 방법 등과 같은 수단을 통해 공공 문제에 대한 의사소통: 즉 공무원에게 편지를 보내거나 청원하는 것, 기사와 팸플릿을 쓰는 일, 동료 시민과 토론하는 공적시위와 같은 수단을 통한 의사소통.
- **의견 집약**　이 문맥에서 "집약"은 "함께 모으는 것"을 의미

한다. 개개인의 시민들은 그들과 이해관계가 있는 공공 정책
상의 문제들을 다루는 공식적인 조직을 만들고 참여하고, 지
지함으로써 그들의 의견을 모으게 된다.

  성공적이기 위해서, 시민들은 스스로를 특정 관행과 가치에 전
념해야 한다.

- 기본적인 민주주의의 가치는 관용이다. 관용이란 무언가 다
  른 것 또는 동의하지 않거나 싫어하는 것을 공격하거나 또
  는 받아들이는 것을 거부하는 것을 자제하는 것이다.
  - 시민들은 자신과 다른 외모나 종교, 정치적 성향을 갖고
    있는 사람들이나, 자신들이 강한 감정을 갖고 있거나 차이
    를 보일 수 있는 그 밖의 문제들에 대해 기꺼이 관용을
    베풀어야 한다.
  - 아량 없는 태도가 널리 나타난다면 이는 민주주의를 약화
    시키거나 무너뜨릴 수 있다.
  - 그러나 관용에도 제한이 있다. 스스로를 위해 주장하는 것
    과 똑같은 권리를 다른 사람들에게는 부정하는 사람들은
    관용할 필요가 없다.
  - 모든 민주적 시민들은 그들의 가치와 존엄성에 대해 똑같
    이 존중받아야 한다. 정의에 대한 이런 근본적인 원리를
    부인하는 것은 어느 것이라도 민주주의에서는 용인 될 수
    없다.
  - 그러므로 관용은 제한적인 것이지 절대적이거나 무제한적
    인 선이 아니다.

▶ 관용과 유사한 것으로서 **중용**이 있다. 민주주의는 이성적인 논의와 타협을 불가능하게 만드는 완고한 당파적 분위기에서는 번영할 수 없다.

▶ 민주주의의 주요한 가치들 중 하나는 **타협**이다. 타협이 없다면 사회적 평화는 불가능 할지 모른다. 타협이 없다면 실패한 사람들은 정치 체제로부터 철저히 그리고 위험할 정도로 소외될 수도 있다. 경우에 따라서 입법부는 구성원들 사이에서 어느 정도의 타협 없이는 충분히 기능하지 못하거나 전혀 기능하지 못할 것이다.

▶ 마지막으로, 시민에게 공익을 위해서 특정의 개인적 희생이 요구될 수도 있다. 이러한 희생 가운데서 가장 보편적인 것은 전쟁 시 또는 평시의 군대에서 봉사하거나 또는 다른 형태의 국가적 봉사를 하는 것이다. 다른 종류의 개인 희생은 비상사태 중에 필요할 수도 있다. 납세 또한 공통 선을 위한 희생의 한 가지 형태라고 생각할 수 있다. 일찍이 한 법학자는 "세금은 문명사회를 위해 지불하는 것이다."라고 말했다.

시민들의 관심을 얻기 위한 경쟁 현대 사회는 그 구성원들의 시간, 에너지 그리고 관심에 커다란 부담을 주는 경향이 있다. 오늘날의 시민들은 종종 일, 가족, 여가 생활과 활동 시간을 조절해야 한다.

▶ 시민으로서의 행동과 숙의에 참여하기에 너무 피곤하고, 바쁘고, 자신들의 삶에 관한 일로 정신이 없기 때문에 시민의 참여에 대한 요구는 자주 무시된다.

▶ 이렇게 민주주의 시민권자로서의 요구와 실제 사회에서 시민

들의 삶에 영향을 미치는 의무, 관심, 그리고 요구의 범위 사이에는 긴장이 존재한다. 시민들이 공적 생활에서부터 물러날 정도까지 공공 업무가 자신들이 통치하는 시민들과 접촉하지 않을 수도 있는 직업적 정치가들에게 전적으로 넘어가게 되는 위험은 존재한다. 이러한 상황에서 민주주의는 서서히 쇠퇴할 것이라 예상 할 수 있다.

≫ 다음에 대하여   어떻게 생각하는가?

1. 시민들은 어떤 방법으로 그들의 정부에 대해 주권을 행사할 수 있는가?

2. 시민의 참여가 투표에 국한 된다면 민주주의에는 어떠한 결과가 나타날 것인가?

3. 시민들이 공공선에 참여하지 않는다면 민주주의의 결과는 어떻게 될 것인가?

4. 민주주의 정치에서 타협, 관용 그리고 중용의 중요성은 무엇인가?

5. 중용을 실천하고 민주주의의 안녕을 촉진시키기 위해 자신이 속해 있는 조직의 정책을 감시하고 영향을 주는 시민의 책임은 무엇인가?

16 민주주의와 시민의 참여

　민주주의는 "인민에 의한 통치"를 의미한다. 그러나 현대 민주주의는 대부분 인민 스스로가 아닌 인민의 대표자들이 법을 만들고 집행하는 대의 민주주의이다. 그렇다면 현대 "민주주의"는 어떻게 "인민에 의한 지배"라고 불릴 수 있는 것인가? 넓은 의미에서 그 해답은 민주주의적 형태의 구성원들—시민—이 민주주의 통치에 중요한 역할을 하면서 공적 생활에 참여하는 다양한 방법에 있다는 것이다.

　참여에 관한 민주주의의 이념은 그 안에 포함되는 일종의 도덕적인 요소를 가지고 있다. 그것은 중용의 규범과 타협할 의지를 필요로 한다. 성공적으로 되기 위해서는 민주적 참여는 인내와 시간의 희생 그리고 공공선을 위한 노력을 요구한다. 몇몇에게는 시간과 노력으로 구성되는 희생이 공공 영역의 가장 중요한 논쟁점들을 이해하는데 필요한 것이다. 그러나 민주주의적 정치 체제는 또한 병역과 같은 좀 더 실질적인 희생을 할 준비가 되어있는 사람들의 참여를 필요로 한다.

　전부는 아니지만 민주주의적 통치에서의 대부분의 참여는 자발적이다. 몇몇 민주주의 체제에서는 시민에게 배심원으로서의 의무를 지키게 함으로써 사법체제에 참여하도록 요구한다. 일부 민주주의에서는 국민들에게 투표할 것을 요구한다. 몇몇 민주주의에서는 병역을 요구하고, 그렇지 않은 국가들도 국가 비상사태 시 병역을 요구할 권리를 보유하고 있다. 어떤 경우든 민주적 시민들은 주권자인 인민의 구성원으로서 그들은 자신의 통치에 참여할 권리뿐 아니라, 투표와 납세로 시작하는 민주주의적 자치의 몇 가지 형태에 관여해야 할 시민적 의무 역시 가지고 있다는 것을 이해하고 있다.

모든 민주적인 참여가 공식적인 정치적 성격을 가진 것은 아니다. 많은 참여는 자발적인 조직과 결사 그리고 권위에 의해 강요당하지 않는 개인들의 자발적인 행동으로 구성된 사회적 삶의 영역인 "시민 사회"에서 일어난다. 따라서 시민의 참여는 환경단체, 자선단체, 종교단체, 그리고 각종 수많은 다른 단체들에서 이루어진다.

❝ 정치적 참여: 정치체의 통치 ❞

■ 투표　민주주의에서 국민은 진지하게 투표 행위에 임해야 한다.

- ▶ **투표의 중요성**　시민들이 수행하는 단 하나의 가장 중요한 정치적 참여 행위는 투표행위이다. 시민들은 투표할 때, 민주주의적 정치체의 정치적 주권자로서 그들의 권력을 집단적으로 행사한다.
- ▶ **자유선거의 중심적 역할**　시민들의 집단적 주권은 오직 선거와 국민투표 같은 다른 투표행위에서만 행사된다. 이것이 공정한 선거가 민주주의에서 가장 중심적인 이유이다. 자유롭고 공정한 선거 없이는 인민 주권 −민주주의의 핵심은 파기된다.

■ 선거운동에의 참여　투표와 관련된 것으로 선거일까지 이르는 "선거운동"이라고 불리는 과정이 있다. 이 기간 동안 공직에 출마한 후보자들은 자신들의 당선을 주장하면서 유권자에게 자신들의 주장

을 제시한다. 공직에 출마한 후보자가 아닌 국민들도 다양한 방법으로 선거 운동에 참여할 수 있다. 예를 들어,

> ▶ 정당에 가입하고 적극적으로 지지하는 것; 정당이나 후보자에게 돈을 기부하는 것; 후보자를 위한 조직적 업무에 관여하는 것; 후보자나 정당을 위한 선거 자료를 작성하는 것.
>
> ▶ 득표하게 하거나 투표소에서 일을 하거나, 또는 다른 방식으로 공정하고 효율적으로 관리되는 선거가 보장되도록 함으로써 선거일에 선거 진행을 돕는 것

공직의 보유　시민들이 자신들을 통치하는 데 참여할 수 있는 가장 직접적인 방법은 공직에 있는 것이다. 공직자는 선출되거나 임명된다. 대부분의 시민들이 평생 동안 공직에 있지는 않지만 놀라울 정도의 많은 수가 참여할 수 있다. 미국에서는 선거에 의하거나 임명에 의한 공직이 50만 명 정도 있다.

■ 직접 민주주의에 참여하는 것　많은 정치체제들은 직접 민주주의 요소를 그렇지 않은 대의 정치체제에 포함한다. 그러한 요소들은 다음의 것 중에 하나를 포함한다.

> ▶ **특별선거**　통과되면 법으로 제정되는 "국민투표"(정부로부터 제안된 법이나 결정들)와 "국민발의"(시민에 의해 제안된 법)와 같은 특별선거. 이것은 그들의 대표자가 아닌 시민들 스스로 법을 만들기 때문에 "직접 민주주의"이다.
>
> ▶ **정치적 모임에의 개인적 참여**　이러한 모임에서 공공정책의 결정은 보통(항상은 아니지만) 비밀투표에 의해서라기보다는

구두 투표나 거수에 의해 이루어진다. 그러한 모임의 예는 미국 뉴잉글랜드의 몇몇 지역에서 볼 수 있는 "마을 민회(town meeting)"이다.

정당대회나 정당의 다른 회합에 참여하는 것　정당의 적극적인 구성원들은 공공정책을 제안하거나 주장하는 모임에 참석하고, 그들의 주장을 옹호하고 방어해주기 위해서 충성스런 정당 구성원들을 모으려고 한다.

정치적 옹호집단에 참여　공익집단이나 옹호집단의 구성원들은 공공 집회와 대중시위운동과 같은 다양한 방법으로 참여할 수 있다.

정부의 업무 수행 감시와 공공 정책 수립

정부의 업무 수행을 감시하는 수단은 다음의 것들을 포함한다.

- 모든 미디어를 포함하여 다양한 정보원을 고려하는 것 그리고 정보와 정보원을 비판적으로 평가하는 것
- 인터넷 사용하는 것
- 공공 업무에 초점을 맞춘 공적, 사적 토론에 참여하는 것

공공정책에 영향을 미치는 것

- 서면으로나 직접적으로 공무원과 접촉하는 것
- 선거운동용 인쇄물, 청원서, 팸플릿, 편지, 인터넷 기고 등의 시민으로서의 비평에 관여하는 것
- 정당과 정치클럽과 같은 정치단체에 가입하거나, 특정한 공공정책들을 지지하는 이익집단에 적극적으로 참여하는 것

▶ 대중 시위운동과 행렬을 조직하고 이에 참여하는 것

▶ 특별 기구를 포함한 (지도자로서의 시민) 조직들을 만드는 것

▶ 불법적인 행동했거나 법을 집행하지 않았다는 이유로 공무원에 대해 소송을 하는 것을 포함한 법률적인 행동을 취하는 것

사회적 참여: "시민사회"의 동치

민주주의에서 시민의 역할은 공식적 그리고 비공식적인 정치적 참여에 한정되지는 않는다. 정부가 어디에서나 존재하고 전지전능할 수 없다면, 조직의 통치는 그것에 참여하는 일반 시민들에게 맡겨져야 한다.

시민사회 자발적인 공적 활동의 영역인 시민사회는 현대 민주주의의 중요한 구성요소이다. 발전된 민주주의 체제에는 자생적이고, 자치적이고, 자발적인 단체들이 많이 있다. 그러한 자발적인 단체들 중 많은 수가 지방 공동체나 지역적·국가적 업무에 참여하는 방법들을 제공해준다.

참여의 형태 통치에 참여하는 형태는 통치를 담당하고 있는 협의회의 회원으로서 회의에 참석하고, 그리고 조직 활동에 참여하는 것과 같이 시민 사회 조직의 통치에 대해 직접적으로 참여하는 것을 포함한다.

어떻게 생각하는가?

1. 왜 시민들의 참여가 민주적인 정부에 필수적인가?
2. 민주주의 정부에 의해 요구되는 참여로서 어떤 종류의 사회적 참여가 중요한가?
3. 시민사회는 어떻게 통치하는가?
4. 정치적 참여에 대한 사회적 참여의 관련성은 무엇인가?
5. 허약하거나 실존하지 않는 시민사회는 민주주의가 건전하게 기능하고 유지되는 데 어떤 관련이 있는가?

V

자유 사회의 기본적 이념, 특징, 그리고 사회적 기반

🔟 자유와 기본권의 보호

자유와 자유주의

고전적 의미에서의 자유주의는 개인의 존엄과 가치 그리고 개인의 자유(혹은 해방) 그리고 이러한 가치들을 보호하고 활력을 가질 수 있도록 하기 위한 정치적 수단에 초점을 맞추고 있는 일련의 정치적 이념들이다. 이러한 맥락에서 미국에 있어 "보수주의자"와 대비되는 "자유주의자"나 유럽이나 다른 지역의 사회민주당원 그리고 다른 당원들과 같은 현대 당파적 정치와 아무런 관련이 없다.

"자유주의"라는 용어는 라틴어인 **libertas**에서 유래했다. 영어인 "liberty"와 프랑스어인 "liberte" 또한 같은 라틴어에서 유래했다. 자유주의에 있어서, 개인의 자유는 기본적인 인간의 권리이고, 본의 아닌 어떠한 형태의 예속 상태와도 양립될 수 없다. 개인의 자유는 정치적 공동체의 의견 일치와 결속을 강조하는 다양한 민주주의를 포함하여 모든 진정한 **자유 민주주의**의 필수적이고 기본적인 요소이다. 자유주의가 옹호하는 자유가 없을 때는, 개인은 공동체나 다른 가치들의 이름으로 복속될지도 모른다.

근대 세계에서 자유주의는 17~18세기 유럽대륙과 영국의 정치적 투쟁에 그 기원을 가지고 있다. 종교적 관용이나 종교적 신념과 실천의 자유 같은 자유주의의 중심적인 개념은 수 십 년의 유혈 종교전쟁의 해결책으로서 17세기에 네덜란드에서 처음으로 나타나게 되었다. 종교적 관용은 그 후 영국에서 채택되어졌다.

또한 영국에서 자유주의는 전제군주에 대해 저항할 수 있는("혁명권") 정치적으로 억압받는 사람들의 권리를 지키는 원칙들로 구체화되어졌다. 이 이념과 특히 영국의 철학자 John Locke가 밝힌 법의 지배와 권력이 정당성을 얻기 위해서는 피치자 동의가 필요하다는 것 등과 같이 그 이념과 관련 있는 자유주의 개념은 신세계의 영국 식민지 개척자들에 의해 채택되어 졌다. 로크의 자유주의 사상은 독립선언서에서 보이는 것처럼(1776) 미국 독립 전쟁 이념의 핵심이었다. 자유주의 사상은 미국헌법(1787), 프랑스혁명과 인권선언문(1789), 미국의 권리장전(1791)에 나타나 있다.

19세기 자유주의 사상은 유럽 전역과 라틴아메리카를 비롯해 전 세계로 퍼졌다. 항상 동의되거나 성공적으로 시행되지 않는다 할지라도 자유주의 사상은 현재 전 세계적으로 알려져 있다. 오늘날 다양한 각도에서 기본적 자유주의 사상은 민주주의를 위한 운동으로 알려진다. 또한 오늘날 자유주의에 의해 옹호되는 개인의 권리는 확장되고, 성문화 되어왔고 지금은 "인권"으로 불려진다.

❝다음은 자유주의의 가장 기본적인 원칙들 중의 한가지이다.❞

- ▶ 개인은 국가(정치적 질서)와 관련하여 우선적인 도덕적 지위를 가진다. 각각 개인들은 권위에 의해 강요받지 않는 자유로운 선택과 결정을 할 수 있는 권리인 도덕적 자율성이 부여된다. 개인들은 국가에 봉사하기위해 태어나는 것은 아니다. 오히려 국가가 개인들의 기본적 권리와 이익을 보호하기 위해 즉 개인에게 봉사하기 위해 존재한다.
- ▶ 자유주의의 중요한 흐름 하나는 각 개인이 인간으로서 양도할 수 없는 특정한 권리를 가진다는 것이다. 이러한 권리들

은 정부나 민주주의의 선물이 아닌 자연이나 신성에 기초한 것으로 간주된다. 자유주의의 다른 흐름 또한 개인들의 권리들을 지지하지만 이 권리들이 오로지 실증적인 법(입법부와 또 일반적 법체계에서는 법원의 결정에 의해 제정되는 법)에만 기초한다는 것이다.

▶ 모든 인간들은 자유롭고 평등하게 태어난다. 각 개인은 생명권을 포함하여 여러 권리 중에서 양심과 종교의 자유, 언론과 표현의 자유, 결사의 자유, 사적 재산의 소유와 사용에 대한 권리와 같은 기본권을 동등하게 부여 받았다.

▶ 정부가 정당성을 갖기 위해서는 개인이 정부를 자유롭게 동의할 수 있어야 한다. 정당한 정치 권위는 인민 주권에 기초한다.

▶ 정치적 권위(국가)는 개인의 권리를 보호하기 위해 설립된다. 이 권리들은 공공선, 국가의 영예 또는 여타 가치의 이름으로 희생되지 않아야 한다.

▶ 국가의 우선적 목적은 개인의 권리를 보호 하는 것이기 때문에 이는 헌법적 영역 안에서 제한되어야만 한다.

▶ 입헌(제한)정부는 국가 공무원에 의한 권력 남용으로부터 피통치자들을 보호하기 위한 몇 가지 형태의 정부 권력 분립을 가지고 있다. 어느 정도의 권력 분립은 권력이 개인 또는 소수 집단에 집중되지 않도록 한다.

▶ 다양한 신조, 의견, 그리고 개인의 선택에 대해 관용을 베푸는 것은 기본적인 자유주의 가치이다. 왜냐하면 그것이야말로 법의 경계 내에서 그들이 선택하는 대로 믿고 말하고 행

동할 수 있는 모두의 자유를 향상시키기 때문이다.

- 그러나 자유주의 사회에서의 관용은 호혜주의를 바탕으로 하여 모두에게 적용되기 때문에 제한이 있다. 즉 다른 사람들에게 관용을 베풀 의향이 있는 사람에게만 관용적이 될 필요가 있다.
- 개인들 또는 단체가 각 개인의 가치와 존엄을 평등하게 존중하는 것을 침범할 때, 관용은 더 이상 그들에게 적용되지 않는다.

❝자유 민주주의를 특징지어주고 활기 있게 만드는 자유는 권리의 관점에서 설명될 수 있다. ❞

▣ 어느 누구의 기본권도 박탈 될 수 없다. 그럼에도 불구하고 정부 또는 다른 개인들이 이러한 권리들을 침해한다면, 그들은 도덕적으로 잘못된 행동을 하는 것이다.

▣ 자유 민주주의 하에서 개인의 권리는 다음의 것들이 포함되지만 그것만으로 제한되지는 않는다.

- ▶ **정치적 권리들**　개인은 권리를 가진다, 예를 들어, 공정하고 자유로운 선거에서 투표하고, 정치적 기관들을 대표하고, 정치적 목적을 위한 단체에서 협동하고, 말하고 쓰는데 있어서의 자유롭게 정치적 의사표시를 하고, 그리고 정부에 청원하고 시위할 수 있는 권리를 가진다.
- ▶ **경제적 권리들**　개인은 예를 들어 재산 소유의 권리를 가진

다. 회사를 설립하고 유지할 수 있는 권리, 의지대로 돈벌이
가 되는 직업을 찾을 수 있고 이직할 수 있는 권리, 시장에
서 사고 팔 수 있는 권리, 노동조합을 조직할 수 있는 권리,
모든 경제 기업을 정부가 소유하는 것과는 대립되는 것으로
주로 시장 경제를 유지하는 권리를 가진다. 근대 민주주의는
그들이 후원하는 경제적 자유의 정도가 다양하다. 따라서 유
럽 대륙에서의 민주주의는 전통적으로 "영 미계"의 모델보
다 시장에 제한을 두고 복지규정을 강조한다. 세계의 다른
곳의 민주주의도 이와 비슷한 변형이 있다.

▶ **개인적 권리들**　　개인은 다음과 같은 권리를 가진다. 예를
들어, 법의 테두리 내에서 그들이 원하는 대로 행동할 수 있
는 권리, 종교의 자유와 양심의 자유를 가질 수 있는 권리,
사적 자율과 말하고, 쓰고, 예술적 행위를 하는 데 있어서
표현의 자유를 가질 수 있는 권리, 법적 테두리 내에서의 사
생활의 권리와 정부로부터 자유로울 수 있는 권리, 국토 내
에서의 이전의 자유와 방해 받지 않고 해외로 출국하고 입
국할 수 있는 권리, 다른 사람들과 회합할 수 있고, 합법적
인 목적을 위해 결사체를 조직할 수 있는 자유권을 가진다.

≫ 다음에 대하여
어떻게 생각하는가?

1. 자유주의에 가장 기본이 되는 가치와 원리는 무엇인가?

2. 만일 그런 것이 있다면 자유 민주주의의 유지를 위해 가장 중
   요한 권리는 무엇인가?

3. 개인의 권리와 공공선 사이에 어떠한 갈등이 발생할 수 있는가?

4. 어떤 종류의 정책이 개인의 권리를 향상시키거나 손상시키는가?

5. 왜 개인주의의 요소가 민주주의를 위해 필수적인가?

6. 어떻게 교육이 개인의 권리를 향상시키는가?

7. 어떠한 방법으로 자유민주주의는 개인의 복지를 향상시키는가?

🔟8 자유와 기본권의 보호

사생활(프라이버시)

사생활을 누릴 권리는 현대 자유 민주주의의 본질적인 부분이다. 프라이버시가 무엇이며 어느 정도까지 정부에 의해서 보호받아야 하는가 하는 질문은 최근 가장 중요하면서도 논쟁적인 것이다. 프라이버시는 정부의 권력이 제한되어있다는 생각에 의존하고 있고, 또 그것이 없이는 불가능하다. 프라이버시의 핵심은 정부가 배제되어야 한다는 사실이며, 정부의 권위에 복종하는 자는 법적 테두리 안에서 사생활 영역 내에서는 자신들이 원하는 대로 행동할 수 있다는 것을 알아야만 한다.

결국 정부의 권력은 개인들에 의해서 어떤 제한된 목적을 갖기 위해 그들에게 권위가 위임되어 진다. 정부는 사생활 영역 안에서 행사할 수 있는 권력을 위임받지 못했기 때문에 사생활 영역은 삶의 특정 영역에서 정부를 배제시킨다.

❝ 프라이버시의 개념 ❞

현대 민주주의와 관련된 것으로서 프라이버시는 복잡하며, 간단하게 정의되지 않는다. 프라이버시의 개념은 두 가지 주요한 생각을 포함한다.

▶ 첫 번째 생각은 어떠한 것을 타인이 알지 못하게 하는 권리 가지거나 그러한 자격이 있다는 것이다. 사람들이 타인에게 관심을 갖거나 사용하는 것을 거두어들이기로 결정한 것들을 말한다. ㅡ즉

사람들에게 누설되거나 개방되지 않는 것들은 일반적으로 사적인 것이고, 사적으로 사용되는 것들이다.

🔁 관련되어 있지만 두 번째 생각은 **사적인 것에 타인이 침범하는 것을 막기** 원하는 것이다.

- ▶ "타인"은 가족이나 이웃을 포함한 특정한 개인에서부터 크게는 대중이나 정부까지 포함되는 상업적이거나 혹은 여타의 조직까지 그 범위에 속한다.
- ▶ 프라이버시의 객체인 "어떠한 것"은 많은 것을 의미할 수 있다. 그 의미의 범위 안에는 다음 같은 것이 속한다.
  - 타인의 시야나 근접해 있는 것으로부터 떨어져 있기를 원하는 사람
  - 타인에게 자신의 신념, 성향, 그리고 스스로에 대한 이력을 포함한 어떤 종류의 정보도 허락하지 않기를 원하는 사람
  - 타인이 관심을 갖거나 침해하는 것으로부터 자신의 삶의 어떤 측면을 지키려는 사람들

🔁 **사회적인 "영역"으로써의 프라이버시**　프라이버시와 공적 권위 사이의 관계에서 현대 민주주의의 핵심적인 생각은 **정부의 간섭이 없는 개인적인 삶의 영역이** 존재하여야 한다는 것이다. 같은 맥락에서 개인은 상업적이거나 또는 여타의 조직과 개인들과 같은 비 정부적 요소를 갖고 있는 영역으로부터 또는 일반적인 대중으로부터도 홀로 있고 싶어 할 수 있다. 프라이버시에 대한 권리는 어떠한 것은

정부가 참견할 것도 아니고, 또한 어느 누구도 참견할 것도 아니라
는 것을 의미한다.

❝ 프라이버시의 중요성 ❞

프라이버시에 대한 권리를 주장하는 여러 측면은 특별한 중요성이
있다.

▣ **프라이버시와 권리의 행사**   프라이버시는 종교와 양심의 자유,
결사의 자유, 표현의 자유 등과 같은 다양한 기본권의 행사에 대한
전제조건일 수 있다.

▣ **프라이버시, 자율성, 자유**   사적으로 정의되는 영역에서 개인
의 결정은 개인적 자유의 핵심 측면인 사적 자율을 표현한 것이다.
프라이버시에 대한 권리가 침해될 때 자유의 중요한 부분이 없어진다.

> ▶ 프라이버시는 개인들에게 그들의 환경과 스스로에 대해 어느
> 정도 제어를 하게 함으로써 육체적으로나 정신적으로 스스로
> 를 보호하도록 한다. 프라이버시가 침해될 때 이러한 자율성
> 과 조절 능력은 상실된다.
> ▶ 자유의 상실에 대한 공포 때문에 권리장전(1971)이 미국 헌
> 법에 추가되었다. 프라이버시와 자유의 관계는 "부당한 수색
> 과 압류로부터 자신들의 신체, 가택, 서류, 동산 물건을 보호
> 받을 수 있는 인민의 권리는 침해 받지 않는다."라고 명시한
> 수정 헌법 제4조에서 인정되었다.

■ **프라이버시와 민주주의** 　공공의 문제에 관한 결정을 내릴 때, 시민들은 정부 또는 다른 시민들로부터 올 수 있는 불리한 결과에 대해 두려워하지 않고 자신들의 소리를 낼 수 있어야 한다.

> ▶ 시민으로서 행동하기 위해서, 혼자서 활동하거나 혹은 집단의 일원으로서 활동하건 간에 개개인은 아무 방해 없이 정치적 문제에 대해 읽고, 쓰고, 조사하고, 생각할 수 있어야 한다. 많은 개개인에게 이것이 뜻하는 바는 프라이버시가 필요하다는 것이다.
>
> ▶ 그 밖에 다수의 현대 민주주의의 핵심적 과정에서도 마찬가지로 활동의 여러 측면에서 프라이버시가 필요하다. 예를 들어, 투표에서의 프라이버시는 오래 전부터 유권자에게 자유로운 선택을 할 수 있도록 필수적으로 인정되어왔다.

■ **민주주의에서의 개인의 중심적 역할과 프라이버시** 　자유민주주의의 기본적인 가치는 개인의 －사람으로써의 －중심적 역할과 중요성이다. 개개인의 시민이 바로 민주주의의 초석이다. 개개인의 시민들은 자신의 신체를 보호하기 위하여 또는 자아개발에 필요한 일반적인 안전감을 갖기 위해 정부에 의존한다.

■ **현대 사회와 프라이버시에 대한 요구** 　현대 사회에서 개인, 회사, 정부 그리고 병원이나 학교와 같은 공공 기관에서는 경영 또는 운영함에 있어 다양한 측면에서 프라이버시가 필요하다. 예를 들면 다음과 같은 것들이 있다.

- ▶ 공립학교의 성적 기록, 연구 조사 결과, 군사 기록, 그리고 소득세 기록등과 같은 정부 기록
- ▶ 건강 기록, 개인 사업의 기록 등과 같은 비정부 기록

❝프라이버시의 대가와 이익❞

프라이버시는 의심할 여지없이 이익이 있는 반면, 대가 또한 존재한다.

▣ **이익**　프라이버시를 지킴으로써 얻는 주요 이익에는 다음과 같은 것들이 있다.

- ▶ **자유**　종교와 결사의 자유와 같은 다수의 기본권을 행사할 수 있는 능력은 프라이버시에 의존한다.
- ▶ **안전**　프라이버시는 자유에 필수적인 안전감을 제공한다.
- ▶ **창의성**　많은 창의적인 사람들은 오직 분리된 혹은 사적인 환경에서만 작업을 성취할 수 있다.
- ▶ **친밀과 기밀성의 유지**　친밀할 경우에 인간 자아에 대한 계발이 이루어진다.
- ▶ **특정 경제적 이익의 보호**　이에는 다양한 종류의 기업 비밀이 포함된다.

▣ **대가**　프라이버시를 지킴으로써 지불하는 주요한 대가는 다음과 같은 것들이 있다.

▶ **외로움**   프라이버시는 다른 사람들로부터 분리됨을 의미할
수 있다.

▶ **책임성의 결여**   검열을 피할 수 있는 사적 활동 능력 때문
에 책임 결여라는 결과가 초래될 수 있다.

▶ **지적 자극의 상실**   다른 이들로부터 분리되어 있는 것은 한
사람의 환경을 단조롭고 지루하게 할 수 있다.

▶ **불법 행위의 위탁**   다른 사람들이 주시하거나 듣고 있다면
그만 두었을 행위를 프라이버시가 존재하기 때문에 하게 된다.

프라이버시의 제한   프라이버시가 남용될 수도 있기 때문에,
정부는 프라이버시를 특정한 경우에 제한해 왔다. 불법 행위가 일어
날 수 있다고 믿어지기 때문에 법을 강제해야 하는 충분한 이유가
있을 경우 프라이버시는 침범될 수 있다.

▶ 미국 수정헌법 제4조는 "신체, 가택, 서류, 물품"에 대한 "부당
한 수색과 압류"로부터 모든 사람들을 보호한다. 이것들은 이
조항이 "정당한" 수색과 압류의 가능성을 열어두고 있기 때문
에 절대적으로 보장하는 것이 아니라 제한적으로 보장된다.

▶ 프라이버시에 대한 정부 침범에 관한 법률은 복잡하고, 민주
주의 국가마다 다양하지만, 모든 민주주의는 프라이버시에
대한 제한을 가하고 있다. 어떤 상황에서는 자동차를 세울
수도, 조사할 수도 있으며 운전자들은 음주여부에 대한 검사
를 받을 수도 있다; 또 다른 상황에서 범죄가 저질러졌다는
"충분한 근거"가 있을 때 또는 공공의 안전이 위태로울 때,

거리에서 개인들을 멈추게 할 수도 있다.

▶ 그럼에도 불구하고, 프라이버시가 자유로운 사회에 있어서 본질적이라는 것에 동의하기 때문에 모든 현대 민주주의 국가들은 프라이버시를 존중한다.

〝프라이버시와 관련된 갈등〞

▣ **프라이버시와 독재정권**　전체주의와 독재 정부는 늘 프라이버시를 침범하려 기도한다는 것 또한 주목할 가치가 있다. 어떠한 형태의 정부도 그러한 침해 없이 존재하는 것이 가능하지 않다.

▶ 인민들의 프라이버시를 제거하는 것은 인민들을 통제하는 강력한 수단이다. 예를 들어 스파이나 밀고자를 이용하는 것은 저항하는데 필요한 결속력을 깨기 위해 독재정권이 사용하는 전형적인 수단이다. 스파이나 밀고자들은 프라이버시를 어렵거나 불가능하게 만든다.

▶ 전체주의 사회는 부모를 염탐하는 데 어린이들의 협조를 얻어왔다. 그래서 그러한 사회에서는 가족생활조차 사적이지 못하다.

▣ **테러리즘 시대의 프라이버시와 안보**　개인이나 사회전체는 다양한 프라이버시가 필요하다. 몇몇은 더 많이 요구하고, 또 다른 사람들은 보다 적은 것에 만족한다. 대부분의 사람들은 자신들의 신체와 물품이 정부당국에 의해 수색되지 않을 프라이버시를 주요하게

여긴다. 그러나 20세기 후반 그리고 21세기 초반의 상황은 많은 사람들에게 자신들의 프라이버시가 어느 정도 제한되는 것에 동의하도록 요구하였다.

　　▣ 가장 일반적으로 프라이버시를 제한하는 것의 예는 민간 비행기에 탑승하는 것이다. 승객들은 자신들의 신체와 수하물에 대한 검사를 허용해야만 한다. 어떤 상황에서는 비행기를 타기 위해 신체를 수색하는 것을 허용해야만 한다. 그들의 행동은 종종 그것들이 안전에 위협을 가할 수 있는지를 조심스럽고 세밀하게 조사하여 결정되는 것이다. 많은 공공기관에 출입할 때와 같은 여타의 상황에서도 개인의 주머니 속에 있는 내용물과 개인적 물품이 일상적으로 조사된다. 학생들이 학교를 출입할 때도 이러한 검사의 대상이 될 수 있다.

　　▣ 또한 정부는 프라이버시의 침해를 더욱 비밀적인 형태로 수행한다. 조직범죄나 다른 행태의 범죄에 대한 증거를 수집하기 위해 정부당국은 전화를 도청하거나 e-mail을 엿볼 수 있다. 테러리즘 시대는 시민뿐만 아니라 비시민도 감시하려는 정부의 욕구를 증대시켰다.

> ▶ 도서관 기록, 신용카드의 사용, 여행 기록 그리고 이와 비슷한 다수의 품목은 더 이상 사적이지 않다.
> ▶ 모든 종류의 무선 메시지는 정부기관에 의한 도청의 대상이다.
> ▶ 불법 행위를 계획하고 있을지도 모를 자들에 대한 정보를 수집하기 위하여 정부기관들은 오래전부터 조직들에 침투하여 왔다.

1. 민주주의를 위해서는 어떤 형태의 프라이버시가 가장 중요한가? 그 이유는 무엇인가?

2. 프라이버시의 이득이 대가보다 많은 경우는 무엇이고, 대가가 이득보다 많을 때는 언제인가? 개개인은 항상 결정권을 가질 수 있는가?

3. 오늘날 프라이버시를 침해하는 주요 방법들은 무엇이고, 침해하려고 하는 자는 누구인가? 그리고 각각의 경우 때에 따라서 정당화 되는가 아니면 항상 정당화가 되는가 아니면 절대 정당화 될 수 없는가?

4. 프라이버시가 자유를 위해서 필요하다는 것이 정말 사실인가? 왜 그러한가? 아니면 왜 그러하지 않은가?

🔟 자유와 기본권의 보호

헌법

오늘날 이해하는 것과 같이 헌법은 정부의 권력과 구조를 정하는 일종의 정부의 계획이다. 헌법은 민주주의 주권자인 인민이 정부가 설립될 수 있도록 하는 권위를 부여하고, 특정의 권력을 인정하는 권위 있는 법률이다. 몇 개를 제외하고 현재 현존하는 모든 민주주의의 헌법은 성문헌법이다.

헌법은 정부의 주요한 기관을 일일이 열거한다. 그렇게 함이 있어서 헌법은 정부 주요 부분 각각의 권력은 무엇이며, 법률을 만들고 집행하고 해석하 · 기 위해 사용해야만 하는 절차는 무엇인가에 관해 미리 지정한다.

■ 질서를 유지하고, 현대 사회가 필요로 하고 유권자들이 요구하는 많은 과업의 수행을 효과적으로 하기 위해서는 정부에 적절한 권력이 위임되어야 한다. 정부의 권력을 열거함으로써 헌법은 권력을 부여하는 작업을 수행하는 것이다. 자신들이 통치하는 사람들이 예상하는 기본적인 업무를 수행하지 못하는 약한 정부는 곧 명백히 드러나고, 정치적인 불안이 초래된다.

■ 정부의 권력을 정의하고 분배함으로써 헌법은 그 권력 또한 제한한다. 정부가 헌법을 고수하는 한, 정부는 오직 헌법이 허용하는 것만 할 수 있다.

> ▶ 몇몇의 경우 헌법은 정부가 어떤 일을 하는 것을 명백하게 제한한다. 예를 들어 때때로 "권리장전" 혹은 "자유의 헌장" 이라고 불리는 권리를 나열한 목록은 정부가 이러한 권리를 침해하는 것을 명백히 금지하는 것이다.

▸ 헌법은 정부의 **목적**과 정부가 그런 목적을 달성하기 위해 사용할 수 있는 수단을 대체적으로 지정하며 제한한다.

 헌법도 **법**이기 때문에, 법치주의가 실행되는 국가에서 헌법은 근본적이고 기초적이며 다른 모든 법들과 충분히 양립되어져야만 하는 "상위" 법으로써 작동한다.

 민주주의 국가에서 주권자인 인민은 정부에 의해 행사되는 모든 권력을 인정하는 궁극적인 권위이다. 인민 주권주의는 민주주의 정치체(또는 "나라")를 구성하는 전체 시민들이 자신들이 권위를 부여하고 살아가야 할 헌법에 의해 통치될 것임에 동의할 것을 요구한다.

 민주주의에서 주권자인 인민이 자신들의 헌법 하에 사는 것을 동의 한다는 것은 **자신 스스로를 제한**하는 것에 승인하는 것이다.

▸ 인민주권은 또한 인민들이 원한다면 헌법을 개정할 수 있는 합법적인 수단을 가져야 한다는 것을 요구한다.

▸ 헌법 개정의 가장 일반적인 방법은 "수정"(덧붙이거나 제거하는 것)으로 알려진 과정을 거치는 것이다. 헌법이 개정되는 과정은 일반적으로 헌법 자체에 명시되어 있다.

▸ 주권자인 인민들은 자신들의 대표를 통해서 개정하기를 원한다고 지시하지 않는 한 그리고 지시할 때까지는 자신들의 헌법 하에서 지속적으로 정부에 권위를 부여하는 것으로 이해된다.

 헌법은 오직 정치적 공동체의 모든 부분에 속한 대부분의 사람들이 그것을 받아들일 때에만 정당한 것이다.

▶ 국가의 대다수 국민이 헌법 하에 통치되는 것에 대해 동의
  하지 않은 소수파에게 헌법을 강요하는 것은 정당하지 않다.
▶ 정당한 정부는 다수의 독재가 아니라 오직 피통치자의 동의
  로 부터 올 수 있는 것이다.

▣ 역사적으로도 그리고 오늘날에도 헌법이 존재하는 국가라고 해
서 반드시 민주주의가 되는 것은 아니다. 그러한 국가들은 통치 방
법이 헌법에 윤곽이 그려져 있는 권리나 절차와는 아무 관계없이 통
치하는 독재정치 일수도 있고, 또 종종 그렇다.
▣ 수 백 만 명을 죽이고 투옥시킨 스탈린식 숙청이 한창일 때
쓰여 진 1936년 소련의 헌법은 정부에 의해 조직적으로 침해당한
많은 권리를 규정하였었다.

▶ 현재 북한의 전체주의 정권 역시 현실과 전혀 관계가 없는
  자유를 규정한 헌법을 가지고 있다.
▶ 사실상 오늘날 세계의 모든 독재국가들은 매우 다른 현실을
  감추거나 위장하는 매력적인 전시품으로써 단지 "겉치레"에
  불과한 헌법을 가지고 있다.

▣ 실제로 준수되는 헌법을 가지고 있으나 민주주의나 독재에 해
당하지 않는 입헌정부도 존재한다. 역사적으로 다양한 세계의 작은
공국들과 군주제국가들이 이 범주에 속한다.

▶ 영국과 스칸디나비아는 19세기 대부분 동안 입헌군주에 의
  해 통치되었다.

▶ 오늘날의 모나코는 입헌군주국가의 한 예이다.

🔹 오늘날 세계의 모든 국가들 중에서 오직 세 국가만이 단일 성문 헌법이 아닌 헌법을 가지고 있다. 세 국가는 영국, 이스라엘, 뉴질랜드이다. 이 세 나라 중에서 오직 이스라엘의 헌법만 완벽하게 불문헌법이다. 다른 두 국가는 부분적으로 성문화되어 있다. 예를 들어 영국에서 특정한 법은 매우 기본적인 것으로 간주되어 영국 헌법의 일부분이 되었다. 인신보호법은 이러한 법이다.

≫ 다음에 대하여
어떻게 생각하는가?

1. 당신의 의견으로는 헌법에 장점이 있다면 어떤 장점이 있는가? 국가가 성문헌법을 가지고 있는가 하는 것이 정말 중요한가?
2. 헌법이 정부에 권력을 부여하는 것이 왜 중요한가?
3. 당신 나라의 헌법이 실제로 정부를 제한하고 있는가? 아니면 오직 정부에 권력만 부여하는가? 어떠한 이유에서 그렇게 생각하는가?
4. 헌법에 의한 통치가 인민주권의 민주주의적 원리에 대해 모순적인가? 왜 그러한가? 아니면 왜 그렇지 아니한가?

⫿⃞20 자유와 기본권의 보호

입헌주의와 입헌정부

"입헌주의"가 갖는 주요 의미는 법에 의한 정부의 제한이다. 정부에 권력을 부여하고 제한하는데 사용되는 근본적이고 권위 있는 법은 거의 항상 성문화되어 있는 헌법이다. 따라서 현대 민주주의에서 헌법은 **정부의 권력을 정하고 법적으로 제한함**으로써 입헌주의의 이념을 규정한다.

입헌주의의 기본전제는 정부가 정당한 목적을 수행하기 위해 충분한 권력이 주어져야 한다는 것이다. 그렇지 않으면 실패할 것이다. 그러나 마찬가지로 중요한 것은 정부의 권력 남용을 막기 위한 수단 또한 제공되어져야만 한다. 정부의 권력 남용은 기록된 역사에 자주 있어 왔다.

역사적으로도 그리고 오늘날에도 몇몇 정부는 성문 헌법을 가지고 있었으나 실질적으로 정부권력에 대한 효과적인 제한이 없었기 때문에 입헌정부(법에 의해 제한되는 정부)는 아니었다.

입헌주의는 전제적이고 독재적이고 권위적인 정부의 반대되는 것이다. 입헌주의에 의해 추구되는 입헌정부는 다음과 같은 성격을 가진다.

- 입법부, 행정부, 사법부 간에 있어서 일정 정도의 권력 분립
- 중앙과 지방정부 또는 주(州)정부간에 그리고 중앙과 지역 통치 당국 사이의 권력을 분리하는 협정
- 피통치자의 대표를 규정하는 제도
- 열린(투명한) 정부
- 법과 정부의 모든 과정 가운데서 절차에 대한 안정된 규정. 그러므로 기본적인 규정은 자주 또는 임의적으로 바꿔서는 안 된다. 국민들은 법적 절차의 모든 측면에 관하여 안정적으로 예상할 수 있어야 한다.
- 시민들을 위해 정부가 정당하고 적법한 기준에 따라서 행동하는 지를 판단할 수 있고 그러한 일들이 발생할 때 바로 잡을 수 있는 수단

더욱 일반적으로 입헌주의는 정부를 제한하는 법의 지배와 민주주의에서의
인민주권의 요소들을 포함하는 정부에 대한 공적 태도를 말한다. 공적 태도로
서의 입헌주의는 또한 민주주의에서의 인민 주권 사상을 강화시킨다.

입헌주의 이념은 정부를 수립하는 데 있어서 인민들이 헌법을 다
음과 같은 것을 위해 사용한다는 데 있다.

▣ 인민들이 특정 목적을 위해 설립한 정부가 그 목적을 충족할
수 있도록 하기 위해 정부에게 일정한 권력을 부여하는 것
▣ 정부의 권력 남용을 막기 위해 헌법의 규정과 협정을 사용하
는 것

따라서 헌법은 정부의 **목적**과 이 목적들을 이루기 위한 **수단**들을
제한함으로써 정부 권력을 억제한다.

▣ **기본적인 법으로서의 헌법**　　입헌주의 체제 안에서 헌법은 국가
를 위한 정부의 전반적인 계획을 정하는 기본적이거나 근본적인 법
으로서 역할을 한다. 헌법은 법의 지배를 강화시킨다.
▣ **법의 지배로서의 입헌주의**　　입헌주의는 정부 관리의 행위를 제
한하고 시민들의 권리를 보호하는 핵심적인 수단인 법의 지배를 확
립한다.

■ 입헌주의를 강제하는 사법심사　　일부 입헌주의 체제는 "사법심사"권 즉 의회에서 통과되었지만 국가의 헌법에 모순된다고 판단된 법을 무효로 하는 법원의 권력을 사용한다.

> ▶ **"권리장전" 사용**　　일부 헌법은 기본적인 권리를 확인하고 보장하기 위해 사법심사가 "권리장전"을 포함하도록 하고 있다. 이러한 경우 특정 권리들은 헌법에 "내재된" 것으로 말한다.

> ▶ **사법심사의 확대**　　1949년 "서독"으로써 알려진 독일 연방 공화국을 시작으로 2차 세계대전이 종전된 이후부터 "사법심사"를 허용하고 있는 국가의 수는 증가하고 있다. 일정 형태의 사법 심사는 이탈리아, 인도, 오스트레일리아, 캐나다와 같은 많은 국가들에 의해 채택되고 있다.

■ 사법부 독립　　정부의 다른 부서들로부터, 특히 정치적 간섭으로부터의 사법부를 독립시켜 정부의 다른 부서들이 재판의 결과를 통제함으로써 과도한 권력을 행사하지 못하게 하는 것은 필수적이다. 이러한 독립성은 민주주의에 의해서 다양한 방법들로 보호된다. 어떤 경우에는 독립성이 공식적으로 부여된다. 여타의 경우에는 행정부 아래 사법부가 있는 것으로 이해될 수 있으나, 그럼에도 불구하고 정치적 간섭으로부터는 격리되어 있다.

■ 권력분립을 통한 정부의 제한　　헌법이 정부를 제한하고 권력을 남용하는 것을 막기 위한 주요한 수단은 정부의 여러 기관들에 정부의 권력을 나누거나 분리시키는 것이다. 미국 헌법과 같은 경우

에 권력은 분리되어 있을 뿐만 아니라 공유되어 있다. 바꿔 말하면 권력은 불완전하게 분리 되어있다. 이것은 특정 부서에 과도한 권력이 축적되는 것을 막기 위해 다른 부서와 권력을 균형시킴으로써 각각의 부서가 다른 부서와 의존하도록 되어 있다.

- ▶ 서로 다른 부서 사이에 정부의 권력을 분리한 목적은 정부의 한 부서에 과도한 권력이 축적되는 것을 막기 위한 것뿐만 아니라 정부가 보다 원활하게 운영되도록 하기 위한 것이다. 예를 들어, 하원의원 보다 오랜 기간의 임기를 갖는 입법부의 상원의원을 선출하는 것은 정부를 더욱 안정적으로 만들고 사회를 타락 시킬 수도 있는 순간적인 열망을 줄이기 위한 것이다. 좀 더 긴 임기를 갖고 있는 상원의원들은 그러한 열망을 더욱 성공적으로 저지할 수 있다. 왜냐하면 상원의원들이 재선에 임하게 되는 시간에는 사람들의 열망이 식어버릴 것으로 기대되기 때문이다.
- ▶ 다소 정도의 차이는 있으나, 민주주의 헌법은 일반적으로 정부의 입법권(법을 제정하는 권력)을 법을 실행하는 행정권과 분리시킨다.
- ▶ 경우에 따라서 헌법은 다른 부서의 동의 없이 한 부서의 권력이 완전히 행사되지 않도록 정부 부서의 권력을 분배하거나 공유시킨다.
- ▶ 모든 형태의 민주주의 정부가 같은 방법이나 같은 정도로 권력을 나누어 놓지는 않는다. 예를 들어 의원내각제에서는 (프랑스와 같은) "대통령제" 정부 혹은 (브라질, 미국과 같

은) "권력이 공유된" 정부체제에 비해 행정부의 권력이 입법부의 권력으로부터 보다 낮은 수준으로 분리되어 있다.

입헌주의 대 민주주의　　**민주주의와 입헌주의**사이에는 일종의 긴장이 존재한다. 이것은 민주주의가 주권자인 인민의 의지와 일치하는 정부를 의미하는 반면에 입헌주의는 정부에 제한을 두며, 따라서 개인의 기본권을 보호하기 위해 인민의 의지에 제한을 가하기 때문이다. **제한된 주권** 이념은 명백한 모순이다. 인민 주권과 정부 권력 제한 사이의 명백한 모순은 다음 사항을 고려하면 적어도 어느 정도는 해결될 수 있을 것이다.

- ▶ 헌법에 계속적으로 권위를 부여함으로서 인민이 헌법조항에 따라서 그들 스스로를 제한하는 것에 동의하는 것
- ▶ 인민 주권은 확립된 절차를 통해 헌법을 수정(개정)함으로 언제든지 행사될 수 있다는 것
- ▶ 민주주의를 유지하기 위해서는 압도적인 다수에 대한 개인의 권리를 보호하는 헌법이 필요하다는 것

▷ 다음에 대하여
어떻게 생각하는가?

1. 효과적인 헌법을 위해 무엇이 필요한가?
2. 시민들은 어떻게 정부의 행위가 정부의 권력에 가해진 제한된

범위 내에서 이루어지도록 할 수 있는가?

3. 정부의 다른 부서에 의한 조작과 통제로부터 사법부가 독립적인 것이 왜 입헌정부에 필수적인가?

4. 헌법에 기본권을 늘어놓는 참뜻은 무엇인가?

5. 왜 사람들은 입헌주의와 민주주의 사이에 긴장이 있다고 생각하는가?

분배적 정의

"분배적 정의"는 사회의 개인, 집단 또는 여러 범주의 사람들 간에 이익과 부담을 배분하고 할당하는데 있어서의 **공정성**을 말한다.

▸ **이익**은 사람들에게 분배될 수 있는 바람직하거나 유용하다고 여기는 대부분의 것이 포함된다. 예를 들어 교육, 직업과 임금, 의료 혜택, 조직에서의 회원자격을 가질 수 있는 기회, 투표권과 입후보할 권리와 같은 정치적 권리, 재산소유권과 같은 경제적 권리 그리고 조직에 가입할 수 있는 권리와 같은 사회적 또는 개인적 권리를 포함한다.

▸ **부담**은 사람들에게 퍼져있는 바람직하지 않은 것으로 간주되는 부분의 것이 포함될 수 있다. 예를 들어 세금, 벌금, 비난이나 처벌이 포함된다. 또한 잡일, 형제자매 돌보기, 병든 친족의 부양, 배심원으로서의 의무, 병역이나 다른 종류의 국가 봉사가 포함될 수 있다.

이익과 부담의 배분이 공평한 것인지에 대하여 결정하는 일은 몇몇 상황에서는 상대적으로 쉬울 수 있다. 예를 들어, 민주주의에서 일정 연령 이상의 모든 사람들이 투표권을 갖는 것은 이것을 부정할 만한 충분한 이유가 없는 한 일반적으로 공정하다고 생각 된다. 다른 상황에서는 무엇이 공정한 것인지를 결정하는 것은 매우 어려울 수도 있다. 분배적 정의의 여타의 어려운 문제는 세금 부담, 교육의 기회, 고용 기회, 복지 혜택과 보건 혜택의 분배 같은 문제에서 발생할 수 있다는 것이다.

▣ 분배적 정의의 쟁점을 결정할 때 유용한 한 가지 원칙과 세 가지 고려사항

▶ **유사성의 원칙**은 분배적 정의의 쟁점에 직면할 때 유용한 지적 도구로서 이용된다. 이 원칙은 "같은 사례는 같게, 다른 사례는 다르게 취급하는" 것을 요구 한다. 이 원리는 특정 상황에서 이익 또는 부담이 공정하게 분배되어야 할 때, 관련되어 있는 사항이 같거나 유사한 사람들은 같거나 또는 동등하게 취급되어야 한다는 것을 의미한다. 같은 상황에서 관련되어 있는 특정의 사항이 다른 사람들은 다르거나 불평등하게 취급되어야 한다. 예를 들어 열 사람이 섬에 고립되었다고 가정해보자. 셋은 아프고 약의 양은 한정되어 있다. 세 사람은 관련되어 있는 사항, 즉 그들 모두가 약이 필요하다는 것은 유사하다. 그들이 똑같이 약이 필요하다면, 그들이 필요한 것을 그들에게 주는 것이 공정할 것이다. 그외 일곱 사람은 관련되어 있는 사항이 아픈 사람들과 다르다. 그들은 약이 필요하지 않기 때문에 그들에게 약을 주지 않는 것이 공평할 것이다.

▶ **유사성의 원칙을 적용하는 데에 유용한 세 가지 고려사항** 전부는 아니더라도 대부분의 분배적 정의에 관한 쟁점에서 무엇이 공정한 것인가에 대해 합리적인 입장이 밝혀지도록 유

사의 원칙을 적용할 때 하나 또는 그 이상의 필요, 능력, 보상을 고려하는 것이 적절하고 유용할 것이다.

- **필요** 우리가 위의 예에서 보았듯이, 섬에 고립된 사람들에게 약을 분배하는 것은 약이 필요하다는 점에 있어서의 유사점과 차이점을 고려하였다. 필요의 유형에는 생리적 필요, 정신적 필요, 경제적 필요, 또는 정치적 필요가 포함될 수 있다.

- **능력** 분배될 무엇인가를 다루는 사람의 능력에 있어서의 유사점과 차이점 또한 이익과 부담을 배분하는데 있어 고려될 수 있다. 예를 들어 높은 수준의 체력과 컨디션 조절이 요구되는 일에 많은 사람들이 지원한다고 가정해보자. 지원자의 신체적 능력을 고려하여 일을 배분하는 것이 일반적으로 공정하다고 생각된다. 일반적으로 적절한 것으로 생각되는 능력의 종류는 신체적 능력, 심리적 능력, 지적 능력, 그리고 경제적 능력이 있을 수 있다.

- **보상** 이익 또는 부담을 어느 정도 받을만한가에 있어서의 유사점과 차이점은 공정한 결정을 내리게 할 수 있는 또 다른 유용한 고려 사항이다. 사람들은 자신의 행위나 지위 때문에 무엇인가를 받을 수 있다. 예를 들어 운동경기에서 결승점을 제일 먼저 통과한 운동선수가 어떤 부정행위를 하지 않았다면 일반적으로 1등 상을 받아야 한다고 생각된다. 제한적인 예가 있지만 사람들은 시민으로써의 지위 때문에 민주주의에서 투표권을 가진다.

유사성의 원칙과 필요, 능력, 보상을 고려할 때 사람들 간의 불일치가 종종 존재한다. 예를 들어 이 고려 사항들 중 특정 상황에 가장 적절한 것이 무엇인지를 생각할 때 사람들은 생각을 달리할 수 있다. 필요, 능력, 보상에서 유사점과 차이점의 정도가 어느 정도 되어야 차이가 나는 것이라는 결정내릴 때 사람들의 생각 또한 다를 수 있다.

■ 분배적 정의에 대한 쟁점을 결정하는 데에 관련되는 다른 가치와 이해 분배적 정의에 대한 쟁점에 대해 결정을 내리기 전에 다른 가치나 이익이 관련 될 수 있는 지를 고려하는 것이 중요하다. 어떤 상황에서는 정당한 결정을 내리기 위해 분배적 정의를 뒷받침하는 원칙과 개인의 자유에 대한 기본적 권리와 같은 다른 가치들, 이 양쪽에서 어느 정도 지지 받을 수 있는 타협을 요구할 수도 있다. 다른 상황에서는 다른 가치나 이익이 분배적 정의 보다 더욱 중요하게 여겨질 수도 있다. 예를 들어 다음과 같은 것이 있다.

▶ **재산권** 민주주의와 그 밖의 몇몇 유형의 정치 체제 하에서 사람들은 사유 재산을 획득할 수 있는 광범위한 권리를 가진다. 지식, 기술, 능력, 집안의 지위, 그리고 행운과 같은 측면에서의 차이점은 종종 사람들이 얻을 수 있는 재산상의 차이를 가져오고 때때로 부유한 자와 가난한 자 간의 커다란 차이를 가져온다.

이러한 상황에서 분배적 정의의 지지자는 재산 소유에 있어서의 이러한 차이는 분배적 정의의 관점 즉 필요, 능력, 보상에 의해서 나타나는 부자와 가난한자 사이의 차이의 정도라는 관점에서 보면 정당화 될 수 없다고 주장한다. 그렇지만 개인의 재산권에 큰 가치를 두는 사람들은 많은 양의 재산을 획득하는 권리를 부정하는 것은 동기유발, 혁신, 생산성, 경제적 번영 그리고 개인의 자유에 해로운 것이라고 주장한다.

■ **시장과 분배적 정의**　현대의 발전된 민주주의에서는 시장이 사회적 부의 분배의 중요 부분인 소득 분배의 중요한 수단으로 역할한다.

▶ 그러나 일반적으로 말해서 현대 민주주의는 단순하게 시장 운영의 결과를 그대로 두지 않는다. 대신에, 그들은 과세정책, 교육 프로그램, 그리고 중소기업, 주택구입자 또는 대학 학생들에게 대출해주고 가난한 사람들에게 공적인 보조를 해주는 것과 같은 다양한 방법에 의한 사회 복지 서비스를 제공함으로써 어느 정도의 부의 재분배를 실행한다.

▶ 분배적 정의와 같은 가치를 위해 시장이 가져온 결과를 변경할 수 있는 민주주의의 범위에 대해서는 많이 논의되었다. 혜택 받지 못한 사람들과 다른 사람들을 위해서 공적 혜택을 제공하는 것과 관련된 정책은 민주주의 정치에서는 자주 있는 중요한 쟁점이다.

■ **기본적 권리와 분배적 정의**　기본적 권리의 보호가 분배적 정의의 정책 이행과 양립될 수 없을 때 민주주의의 원칙은 그러한 정

책들이 시행되지 말아야 한다고 여긴다. 예를 들어,민주주의에서의
부자들의 사유 재산을 몰수하여 재분배하는 것은 정당하게 획득한
사유재산의 보호에 대한 기본권과 양립될 수 없다.

어떻게 생각하는가?

1. 당신은 특정 이익과 부담이 필요, 능력, 보상에 대해 고려하면
   서 정당하게 분배되어진다고 동의하는가? 당신이 반드시 고려
   해야한다고 생각하는 다른 고려사항이 있는가?

2. 당신의 공동체, 지역 또는 국가에서의 분배적 정의의 예로는
   무엇이 있는가?

3. 당신에게 가장 유용하고 정당하다고 보는 분배적 정의와 관련
   된 다른 가치와 이익은 무엇인가? 분배적 정의의 문제에 대해
   서 이러한 고려사항 적용의 예로는 무엇이 있는가?

4. 민주주의에서 부를 재분배할 때 다수에게 두어야 할 헌법상의
   제한이 있어야 하는가? 안 그렇다면 왜 그렇지 아니한가? 그렇
   다면, 그러한 제한에 대해서 어떻게 설명하겠는가?

22 정의

교정적 정의(Correetive Justice)

　교정적 정의는 **위법**와 **위해**에 대한 공정하고 적절한 대처와 관련이 있다. 모든 사회에서는 개인이나 그룹이 다른 사람에 대하여 부정한 일을 하거나 위해를 가하는 상황이 존재한다. 어떤 경우에는 위법이나 위해가 우연적일 수도 있고, 다른 경우에서는 의도적일 수도 있다. 가장 초창기의 문명에서부터 사람들은 누군가 위법을 저지르거나 다른 사람에 대한 위해의 원인이 된다면 어떻게 해서든 올바르게 만들어야 한다고 생각해왔다.

　이상적으로 일을 바로잡는다는 것은 위법이나 위해가 일어나기 이전의 상황으로 되돌려놓는 것을 의미한다. 어떤 경우에는 이것이 가능하지만 대부분의 경우에는 그렇지 않다. 예를 들어 도난당한 물건을 되돌려 놓는 것은 항상 가능하지만, 생명을 되돌릴 수는 없다. 위법과 위해가 일어나기 이전과 마찬가지로 되돌려놓는 것이 언제나 가능한 것은 아니기 때문에, 사람들은 위법과 위해에 대하여 공정하거나 적절하기 위한 다른 방법들을 발전시켜왔다.

　위법과 위해에 대한 적합한 대처는 매우 다양할 수 있고 어떠한 경우에는 다른 가치와 이익들이 더 중요하게 보일 수 있기 때문에 교정적 정의에 대한 요구를 만족시키지 못할 수도 있다. 이것은 위법이나 위해를 무시하거나 용서하기로 결정했을 때, 혹은 사건을 젊은이들을 교육하기 위해 사용하기로 결정했을 때 일어날 수 있다. 다른 경우에 적절한 대처는 배상, 벌금, 징역이나 어쩌면 죽음을 요구할 수도 있다.

　교정적 정의의 원론적인 목표가 공정한 방법으로 올바르게 하는 것일지라도, 적절한 대처는 **예방**하는 이점 즉 범죄자가 위법 또는 위해를 반복할 수 없게 하는 것과 다른 사람들이 그렇게 함으로써 오는 결과에 대한 공포 때문에 위법이나 위해를 저지를 용기를 잃게 하여 **억제**하는데 기여한다.

⁶⁶ 위법과 위해 간의 차이점 ⁹⁹

위법과 위해의 개념 간에는 중요한 차이점들이 있다.

▶ **위법**은 의무 또는 법, 규칙, 관습 또는 도덕적 원리에 의해 강제되는 책임을 위반하는 행위이다.

▶ **위해**는 사람이나 재산에 해를 가하거나 손해를 입히는 것, 또는 개인의 권리에 대한 침해이다.

▶ 위법은 위해를 야기할 수도 있고 그렇지 않을 수도 있다. 그리고 위해도 위법을 야기할 수도 있고 그렇지 않을 수도 있다.

⁶⁶ 위법과 위해에 대한 공정하거나 적절한 대처를 결정할 때 유용한 고려 사항 ⁹⁹

비록 어떤 상황에서는 위법과 위해에 공정하거나 적절한 대처를 하는 것이 상대적으로 쉬울 수도 있지만, 다른 경우에는 이러한 결정을 내릴 때 감안되어야 할 많은 고려 사항들이 있다. 다음은 이러한 고려 사항 중 일부이다.

▶ **위법과 위해의 심각성을 평가하는 것과 적절한 대처를 결정하는 것**

위법 또는 위해에 대처할 때 사용되는 가장 오래되고 중요한 원칙 중 하나가 **비례**의 원칙이다 즉, 대처가 공정하기 위해서는 위법 또는 위해의 심각성에 비례해서 대처해야 한다는 생각이다. 이것은 종종 "범죄에 맞추어서 처벌하라” 라는 격언으로 표현되고 있다.

위법 또는 위해의 심각성을 평가하기 위해서 다음을 고려해야 한다.

- ▶ **범위**　얼마나 많은 사람 또는 사물이 영향을 받았는가?
- ▶ **지속기간**　위법이나 위해를 야기한 행동이 얼마나 오래 지속 되었는가?
- ▶ **영향**　얼마나 심하게 해를 입거나 피해를 입었는가? 그 효과는 영구적일 것인가?
- ▶ **공격성**　옳고 그름, 인간의 존엄성 그리고 다른 가치의 관점에 따라서 위법은 얼마나 공격적인가?

🔲 위법이나 위해를 야기한 사람 또는 사람들과 위법이나 위해를 당한 사람 또는 사람들의 관련 특징에 대한 검토

▶ 위법이나 위해를 야기한 사람(사람들)의 정신 상태

위법이나 위해를 야기한 사람의 정신 상태는 적절한 대처방안을 결정할 때 고려되는 가장 중요한 것 중의 하나이다. 예를 들어 다음의 것들을 고려해야한다.

- ● **의지**　그 사람(사람들)이 의도적으로 위법이나 위해를 일으켰는가?
- ● **부주의**　그 사람(사람들)이 예측 가능한 위험에 대한 충분한 주의 없이 경솔한 태도로 행동했는가?
- ● **무모함**　그 사람이 심각한 상해에 대한 명백한 위험을 고의적으로 무시했는가?
- ● **예상되는 결과에 대한 지식**　그 사람이 자신이 하고 있는

일이 잘못되었거나 위해를 일으킬 수 있다는 것을 알고
있거나 알아낼 능력이 있었는가?

- **통제**   그 사람이 자신의 행동 전반에 대해 육체적이고
  정신적인 조절능력을 가지고 있었는가?
- **의무 또는 책임**   그 사람은 위법 또는 위해를 방지하기
  위해서 특정한 방법으로 행동하거나 행동하지 않을 의무
  를 가지고 있었는가?
- **더 중요한 가치 또는 이익**   그 사람(사람들)이 자신의 행
  동을 정당화하거나 변명할 수 있는 어떤 다른 중요한 가
  치, 이익, 책임 또는 동기를 가지고 있었는가?

▶ **위법이나 위해를 야기한 사람(사람들)에 대한 다른 중요한 고
려 사항들**

- **과거 경력**   그 사람이 과거에 유사한 위법이나 위해를 일
  으킨 적이 있는가?
- **성격과 개인적 특징**   그 사람이 대체로 신뢰할 수 있고,
  조심성 있고, 다른 사람들의 권리를 이해해주며, 비폭력적
  이었는가?
- **후회의 감정 또는 양심의 가책**   그 사람이 자신의 행동에
  대해 후회하는가 아니면 자신이 야기한 위법이나 위해에
  대해 신경 쓰지 않는가?
- **역할**   그 사람이 혼자 행동했는가 아니면 다른 이와 함
  께 주동자로서 행동 했는가 혹은 비중 없는 참여자로서 행
  동했는가?

▶ **위법이나 위해를 당한 사람들과 관련된 고려사항들**

- **역할**　위법이나 위해를 당한 사람이 위법이나 위해가 일어나는 데 기여하였는가?
- **회복력**　위법이나 위해를 당한 사람의 위법이나 위해로부터 회복할 능력은 무엇인가?

교정적 정의를 수반하는 문제에 대한 적절한 대처방안을 결정할 때 관련된 다른 가치와 이익　어떤 상황에서는 교정적 정의보다 다른 가치와 관심이 위법과 위해에 대한 적합한 대처방안을 결정하는 데 더 유용할 수 있다. 어떤 상황에서는 적절한 대처방안이 교정적 정의의 목적을 수행할 수 있고, 다른 가치와 이익 또한 유지할 수 있다. 다른 상황에서는 적절한 대처방안이 위법이나 위해의 교정보다 우선시되는 다른 가치와 관심을 요구할 수도 있다. 예를 들어

▶ **억제, 예방, 질서, 그리고 안전**　위법이나 위해에 적절히 대처할 정의롭고 효과적인 제도적 방법이 존재하는 사회에서는 범법자들은 적절하게 다루어질 것이고, 위법과 위해는 더욱 예방되고 억제될 것이고 사람들은 곤란한 일을 하지 않을 것이며, 다른 사람들의 권리를 덜 침해하게 될 것이고 전체 사회는 질서 있고 안전할 것이다.

▶ **인간의 존엄**　교정적 정의의 쟁점에 대한 몇몇 대처방안은 인간의 존엄성에 대한 생각을 모독할 수 있다. 예를 들어 미국 헌법의 경우에서와 같이 고문과 같은 "잔혹하고 보기 드문 처벌"을 금지하는 명령을 위반하는 조치는 사회의 도덕

관념을 모독하는 것이고 널리 행해진다면 사회의 품위를 떨어뜨릴 수도 있다.

▶ **인간의 생명** 몇몇 사람들은 모든 인간의 생명은 신성하고 불가침한 것으로 간주된다고 주장한다. 그러므로 사형은 위법이나 위해에 대한 적절한 대처방안이 아니다. 다른 사람들은 사형이 공정하고 적절할 뿐 아니라 잠재적인 살인자와 다른 범죄자를 막음으로써 인간 생명의 가치를 높인다고 주장한다.

▶ **자비** 때때로 적절한 대처방안은 "정의를 자비로 완화시키는" 사회를 필요로 한다.

▶ **사회 복귀** 어떤 경우에는, 적절한 대처방안은 범죄자를 사회에 복귀시키려는 시도일 수도 있다.

▶ **분배적 정의** 유사한 위법이나 위해를 일으킨 책임이 있는 개인 또는 단체는 그들을 다르게 취급해야 할 좋은 이유가 없는 한 똑같이 취급되어야 한다.

▶ **비용** 어떤 상황에서는 일을 바로 잡는 데 쓰이는 비용이 엄청나게 비싸거나 일을 바로잡아 얻는 이익을 넘어선다.

≫다음에 대하여
어떻게 생각하는가?

1. 위법을 포함하지 않는 위해나 위해를 포함하지 않는 위법의 예로는 무엇을 제시할 수 있는가?

2. 적절한 대처방안이 위법이나 위해를 고칠 수는 없으나 다른 중요한 가치나 이익에 이바지라는 상황의 예로는 무엇을 제시할 수 있는가?

3. 적절한 대처방안을 결정할 때 위법이나 위해를 일으키는 사람의 정신 상태는 무슨 관련성이 있는가?

4. 적절한 대처방안을 결정할 때 위법이나 위해를 일으키는 사람들 또는 위법과 위해를 입은 사람들의 다양한 특성은 무슨 관련성이 있는가?

5. 위법과 위해에 대해 적절히 대처하는 효과적인 제도적 수단을 가진 것이 사회에 무엇 때문에 중요한가? 위법이나 위해를 다룰 그러한 수단을 가지고 있지 않은 사회에 나타날 결과는 무엇인가?

23 정의

절차적 정의

절차적 정의는 정보가 수집되는 방법 그리고 배타적인 것은 아니더라도 특히 법원, 법 집행기관과 입법부와 같은 정부 기관들이 결정을 내리는 방법의 공정성에 관한 것이다. 이것은 전형적으로 분배적 또는 교정적 정의가 초점을 맞추는 결정에 대한 공정성을 말하는 것은 아니다.

절차적 정의는 "자유의 요체" 또는 법의 핵심이라 불린다. 정치 체제의 관찰자들은 국가의 절차적 정의의 정도가 국가의 자유의 정도, 인간 존엄에 대한 존중 그리고 다른 기본 인권의 정도에 대한 좋은 지표라고 주장해 왔다. 절차적 정의가 결여되어 있는 것이 권위주의와 전체주의 정치제도에서는 전형적 것인데 반하여 절차적 정의를 존중하는 것은 민주주의 정치체제의 중요한 지표이다.

비록 법 집행기관과 법원과 같은 정부 기구들에서 전형적으로 절차적 정의에 많은 관심을 쏟고 있지만 가정, 공동체, 사업, 그리고 기업에서 정보를 수집하고 결정을 내리는 것과 같은 개인적인 일에서 뿐만 아니라 정부 기관이나 다른 부서들에서도 절차적 정의를 유지하는 것 역시 중요하다.

❝ 절차상 정의의 목표는 다음과 같다. ❞

▶ 정보에 근거하고 신중하고 공평한 결정을 하기 위해 필요한 모든 정보를 수집하는 기회를 증가시키는 것

▶ 결정을 내릴 때 정보를 신중하고 공정하게 사용할 수 있도록 보장하는 것. 그리고

■→ 생명, 자유, 재산, 프라이버시, 인간의 존엄성, 분배적 정의와 교정적 정의, 그리고 효율성과 같은 중요한 가치와 이익들을 보호하는 것

정보를 얻고 결정을 내리기 위해 사용되는 절차가 공정한 것인지 그리고 그것들이 다른 중요한 가치와 이익을 보호하거나 혹은 위험에 빠뜨리게 하는지를 결정할 때 유용한 여러 가지 고려사항 또는 기준이 있다.

❝ 정보를 모으고 결정을 내리는데 사용되는 과정을 평가할 때 유용한 고려사항들 ❞

■→ **포괄성**　정보를 모으는데 사용되는 과정들이 신중하고 공평한 결정을 하는데 필요한 모든 관련 정보가 모든 관련 출처로부터 수집되고 있는 것을 보장하는가?

■→ **통지**　제반의 절차는 이해 당사자들이 소송 절차에 충분히 참여할 수 있도록 심문 시간과 이유에 대해 충분히 통지하거나 또는 경고하였는가?

■→ **효과적인 진술**　제반 절차는 의사결정자들이 고려하기를 원하는 정보를 이해 당사자들이 효과적으로 진술하는 것을 용인하였는가? 예를 들어 그렇게 하기 위해 권한이 있는 사람에게 정보를 진술할 때 도와줄 숙련된 사람을 보유할 것을 요구 할 수 있다.

■→ **예측 가능성과 유연성**　제반 절차가 공정성을 증진시킬 수 있

도록 충분히 예측 가능하고(미리 수립되어 있고) 유연(변화되거나 적
응될 수 있는)한가?

▣ **신뢰성** 제반 절차는 수집된 정보가 신뢰할 수 있거나 신뢰할
만한 가치가 있다고 보증하는가?

▣ **공평성** 제반 절차는 결정을 내릴 때 편견 또는 선입견 없는
공평성을 보증하고 있는가?

▣ **대중의 감시** 제반 절차는 일반 대중들 중 관심이 있는 구성
원에게 결정을 내릴 때 정보가 어떻게 사용되고 있는지 감시하는 것
을 용인하고 있는가?

▣ **탐지에 대한 규정과 오류의 수정** 제반 절차는 이해 당사자들
이 행하여진 것을 검토하여 오류를 발견하거나 수정할 수 있도록 용
인하고 있는가?

❝절차에 의해 위태로워 질 수도 있고, 보호될 수도 있는 중요한 가치와 이익❞

▣ **생명** 제반 절차는 생명을 위협할 수 있는 자의적인 권력의
사용으로부터 결백한 사람들의 생명을 보호할 수 있다. 사형을 허용
하는 체제에서 피고인들을 절차적으로 보호하는 것은 결백한 사람들
의 생명을 보호하는데 필수적이다. 다양한 상황 속에서 절차상의 부
적절한 보호는 인간의 생명을 위협한다.

▣ **자유** 법 집행 기관에 의해 구금된 사람들이 구금의 적법성을
점검할 수 있는 충분한 시간을 갖고 사법 당국에 호소할 수 있는

권리와 같은 절차는 피고인의 자유를 보호할 수도 있다. 이것은 일반적으로 정부에 의한 권력 남용에 반하여 대부분의 근본적인 개인 자유를 보호하는 것 중 하나로 널리 알려진 '**구속적부심사영장**' 이라고 불려진다.

■ **재산권** 제반 절차는 임의적으로 강탈당하거나 또는 보상받지 못하는 정당한 목적을 위해 강탈당하는 것으로부터 개인의 재산권을 보호하는데 사용될 수 있다.

■ **프라이버시** 신체의 개인, 가정 또는 재산을 수색할 수 있는 것과 같은 절차는 프라이버시에 대한 권리를 침해할 수 있다.

■ **인간의 존엄성** 예를 들어 강요된 자백과 같은 절차는 범죄와는 무관하게 존엄하게 다루어져야 한다는 인간의 권리에 대한 기본적인 이념을 위반할 수도 있다.

■ **분배적 정의** 예를 들어 다른 사람들 보다 어떤 사람에게 더 큰 권리를 주는 절차는 분배적 정의의 기본적인 원칙을 위반할 수도 있다.

■ **교정적 정의** 교정적 정의의 이익에 기여하는 결정에 도달하는 가능성을 높이거나 떨어뜨릴 수 있는 절차

■ **효율성** 적절히 고안되고 실행되는 절차는 정보 수집과 정당한 결정을 내리는 데에 있어서 효율성을 촉진할 수 있는 반면 결함 있는 절차는 정당한 결정들이 내려지는 기회를 줄일 수 있고, 그 절차와 그것에 의한 결과를 바로잡기 위해서 값비싼 구제책을 요구하기도 한다.

▶▶ **절차적 정의와 입헌주의** 절차적 정의의 중요성에 대한 인식은 특히 그들의 헌법에서 절차적 정의에 대한 광범위한 요구를 포함하

는 민주주의 국가에 있어서 소송절차에 의해 입증된다. 이러한 것들은 전형적으로 임의 구속, 억류 그리고 투옥으로부터 개인을 지키는 절차적 보호, 신체와 재산에 대한 임의 수색으로부터 개인을 지키는 절차적 보호, 중립적인 기관에 의해 공정하게 증언청취가 이루어질 수 있도록 하는 피고인의 권리에 대한 절차적 보호, 그리고 유죄 판결에 대한 항소의 권리를 포함한다.

어떠한 정치 제도에서도 국가는 특정 상황 하에서 개인의 생명, 자유, 재산 그리고 다른 기본권을 박탈할 수 있는 권한을 부여받는다. 자유민주주의 체제에서 개인의 권리에 높은 가치를 두는 것은 국가에 의한 자의적 권력남용으로부터 개인을 지키는 절차적 보호를 정교하게 만드는 방향으로 이끌어져 왔다. 다음의 것은 이런 민주주의적 법 체제에서 발견되는 절차적 보호의 예이다.

❝다음에 대한 사람의 권리❞

- ▶ 즉석에서 만들어지지 않고 이미 설립되어 있는 절차
- ▶ 비밀로 이루어지는 것이 아닌 **대중에게 공개된** 재판 절차
- ▶ 민사와 형사 모두에서 배심원에 의한 공판.
- ▶ 자신을 위해 증언하도록 증인이 법원에 출석할 것을 강요하는 것
- ▶ 법적 절차에서 변호사에 의한 대리.
- ▶ 변호사를 선임할 경제적인 여유가 없을 때 국선 변호사
- ▶ 체포당할 시 경찰에게서 특정 권리들에 대해 정보를 받을 수 있는 권리.

▣ 경찰이 증거를 획득할 때 규정된 규칙을 따르는 특정 요건을 충족하는 경우에 한해 소송 절차에서 검사에 의해 인정되는 증거를 가져야 한다는 것

▣ 신체적 만행이나 심리적인 고문과 같은 난폭하고 잔인한 처벌로 부터의 보호.

"다음의 것을 당하지 않을 사람의 권리"

▣ 비합리적인 수색이나 압수의 대상이 되는 것.

▣ 자신들이 유죄가 될 수 있는 질문에 답하도록 강요받는 것.

▣ 같은 범죄에 대해 두 번 재판 받는 것.("일사부재리"의 원칙)

▣ "소급"법 즉, 범죄가 저질러 진 이후에 죄가 될 수 있었던 행동들에 대해 재판을 받는 대상이 되는 것.

▣ 가족이나 친척들에 의해 저질러 진 범죄에 대해 재판 받거나 어떠한 종류의 친절로 공동처벌을 받는 것. 개인들은 **오직 그들 자신만의 행동에만** 책임을 진다. (어떤 특정 상황에서는 자신들의 미성년 자녀들의 행동에 대해서도 책임진다.)

≫ 다음에 대하여 어떻게 생각하는가?

1. 당신이 절차적인 정의가 자유의 근본원리라는 주장을 지지하기

위해 제시할 수 있는 논거 그리고 반대하기 위해 제시할 수 있
는 논거는 무엇인가?

2. 절차적인 정의가 다른 중요한 가치들과 이익들을 위협한다고
   확신시키기 위해 어떻게 시도할 것인가?

3. 민주주의 체제의 가치와 원칙에 대한 절차적 정의의 관계는 무
   엇인가?

4. 법의 지배와 입헌주의에 대한 절차적 정의의 관계는 무엇인가?

5. 위에서 언급된 보호들 중 당신의 헌법과 다른 법들에서 발견된
   것은 무엇인가? 얼마나 효과적으로 그것들이 시행되었는가?

24 법

법의 지배

법의 지배 원리는 정부와 피통치자 모두가 법의 지배를 받는다는 것을 의미한다. 정부 결정과 행동은 자의적인 행동과 명령이 아니라 정해진 법을 따라 만들어 져야 한다. '법의 지배' 개념의 주요한 측면은 다음과 같은 것들을 포함한다.

▣ "법의 지배"는 어떠한 자유 사회에서도 필수적인 측면이다. 개인의 정당한 권리는 그것이 부재하는 상황에서는 충분하게 보호받을 수 없다. 법률이 사라지면 독재가 시작된다고 언급되어 왔다.

▣ "법의 지배"는 "인간의 지배" 또는 사람의 권리가 안정되지 않은 개인의 자의적인 지배와 대조된다. 따라서 법의 지배는 다음과 반대되는 것이다.

> ▸ 정치적인 힘을 가지거나 법을 집행하는 사람의 변덕, 일시적 충동, 개인적 성향과 자의적 판단에 따른 지배
> ▸ 당국자들에 의해 임시로 고안된 법률

▣ "법의 지배"는 개인의 권리를 보호한다. 그것은 공무원과 경찰이나 군대와 같은 그들의 편에서 행동하는 사람들의 권력이 제한되는 것을 보장함으로써 개인의 권리를 보호한다.

▣ 정부는 반드시 **일반적으로 알려지고, 지나치게 모호하지 않으며, 명확하게 이해될 수 있고** 그것의 적용이 이미 정해져 있는 법인 **제정된 성문법**을 따라야만 한다.

▣ 법의 지배 하에서 법은 그것이 일반 대중을 구속하듯이 군과 경찰을 포함하여 정부와 정부 관리들을 완전히 구속한다.

▣ "법의 지배"는 개인은 법 앞에 평등하고 모든 법들은 같은 방식으로 모두에게 적용되어야 할 것을 요구한다. 이러한 법의 평등한 적용은 변호사와 판사가 "법의 평등한 보호"라고 부르는 것이다.

▣ "법의 지배"는 개인과 사회에 질서와 예측가능성, 그리고 안전을 제공할 수 있다. 당국자들이 법을 따를 때, 법률체계 하에서 살아가는 모든 사람들은 공무원들의 행동이 법이 정한 테두리 안에서 일어난다는 점에서 그들의 행동을 예측할 수 있다.

▣ 법은 **일반적으로 적용되고 공평하게 적용**되어야 한다. 평범한 사람들처럼 법의 적용을 받는 집단이 있고, 정부의 구성원, 특권을 누리는 정당, 군대, 또는 여타의 집단들과 같이 법의 적용을 받지 않는 다른 집단이 있을 수 없다.

▣ "법의 지배" 아래에서 법으로 인정받기 위해서는 국가의 헌법과 사법제도 안에서 정해진 법 제정 방법에 따라서 만들어져야 한다.

▣ "법의 지배"는 **법률**에 의한 통치와는 같지 않다. "법의 지배"는 통치를 위해 법을 사용하는 것보다 더 많은 것을 의미한다. 독재자들은 종종 사회를 압박하기 위해 "법률"을 사용해왔다. "법의 지배"는 어떠한 법이든 정의와 품위에 대한 최소한의 기준을 충족시켜야 한다는 이념을 포함한다. 그것은 또한 법이 국가의 시민들을 대표하는 입법부나 의회에 의해 제정된다는 것을 의미한다.

> ▶ "법의 지배"는 판사와 법정, 즉 "사법부"가 정치적 조종이나 통제에서 독립적일 것을 요구한다.

▶ 사법부가 정치적 조종과 통제로부터 자유롭지 못하다면, 원하는 대로 판사들이 법을 해석하고 적용하도록 강요할 수 있는 위치에 있는 자들의 수중에 과도한 권력이 축적되게 될 것이다.

- 정치적 통제에서 벗어나 있는 사법부만이 재판의 공정하고 조직적인 운영을 보장할 수 있다.
- 이러한 형태의 사법부 독립이 없다면, 법은 정부 관료와 일반시민들에게 동등하게 적용 되지 않을 것이다.

▶ 어떤 정치 체계에서는 평범한 시민 배심원들이 정부 권력에 대해 핵심적인 감시를 한다. 그들은 권력자들에 의해 부당하게 고발된 사람들에게 유죄를 선고하는 것을 거부하거나, 검사가 요청하는 것 보다는 더 작은 범죄를 피고인에게 선고할 수 있다.

▶ 거의 예외 없이 재판은 **대중들에게 공개**되어야 하며, 언론은 자유롭게 재판 절차에 관한 기사를 간행할 수 있어야 한다.

▶ 판사들은 입헌 정부의 다른 모든 요소들처럼 그들의 권력에 대한 헌법적 제한에 복종해야 한다. 이러한 제한 없으면 정부는 사법부가 우월한 정부가 될 것이다.

"법의 지배"는 정부가 제한된다는 것을 보장하는 핵심적인 수단이다. 즉 정부는 헌법에 의거한 피통치자의 동의에 의해 어떤 일을 하는 것이 제한되거나 금지된다.

▶ 입헌주의가 제한된 정부를 요구한 이래, 법의 지배가 정부의

권력을 제한하기 때문에 법의 지배는 입헌주의의 근본적인 측면이다.

▶ "법의 지배"를 받아들임으로써 정부공직자들(군과 경찰을 포함하는)뿐만 아니라 일반 시민들과 심지어 비 시민들 모두의 행동이 법이 허락하는 범위 내에서 제한된다.

▶ 효과적인 "법의 지배" 하에 있는 정부는 인민들에게 법을 지키는 한 정부가 자신들을 방해하지 않을 것이라는 확신을 가지고 자신들의 삶을 계획할 수 있게 한다. 이러한 확신은 자유사회에 필수적이다.

▶ 그럼에도 법의 지배에 의해 통치되는 사회에서도 정부가 법에 의해 규정된 다양한 방법으로 개인들을 제한하는 것이 사실이다.

● 그러므로 정부는 일반적으로 집을 지을 수 있는 장소, 피고용자에게 지급해야만 하는 최저 임금, 자유를 제한하는 매우 다양한 다른 방법들을 규정하고 있다.

● 비록 그렇다 하더라도, 자유사회의 자유는 **법에 의해 정해진 테두리 안에서** 사람들이 원하는 것을 하는 것이다.

▣ "법의 지배"는 형법과 민법 모두를 포함한 법률 과정의 모든 단계에서 개인을 대우함에 있어서의 **공정하고 공평한 절차를** 말한다.

1. "법의 지배"는 자유의 보호를 위해 필수적인가? 왜 그러한가? 아니면 왜 그렇지 아니한가?
2. "법의 지배"가 정치권력을 가진 사람들에게 어떻게 시행될 수 있는가?
3. "법의 지배"가 "인간의 지배" 또는 "법률에 의한 통치"와 어떻게 다른가?
4. 배심원들이 자유사회에서 정부에 의한 권력남용에 대한 감시를 어떻게 할 수 있는가?
5. 재판이 대중의 감시 하에 열려야 한다는 요구가 "법의 지배"와 자유사회를 유지하는데 왜 필수적인가?
6. 사람들을 복종시키는데 있어서 "법의 지배"와 권위주의 정권에 의한 법의 사용 사이의 차이점은 무엇인가?
7. 입헌주의에 대한 법의 지배의 관계는 무엇인가?

25 법

민주주의에서 법의 역할

철학자들은 법을 간단히 정의하는데에 대하여 결코 일치된 견해를 가질 수 없었다. 그럼에도 불구하고, 그들은 법이 일종의 "규칙"으로 묘사될 수 있는 것이라는 점에는 일치하고 있다. 법은 민주주의의 핵심적인 부분을 차지하고 있다고 말할 수도 있다. "인민에 의한 지배"는 사회를 통치하는 규칙 즉 법을 만드는데 있어서의 시민의 역할을 말한다. 민주주의의 기본적 이념에 따르면, 민주주의 체제의 법은 공동체의 생활을 규제하는 것이다. 그렇게 하는 법의 권위는 민주주의의 토대를 형성하는 주권자인 인민들로부터 직접적으로 온다. 그러나 법의 범위와 적용은 성문헌법 또는 불문헌법에 의해서 그리고 정부의 모든 부서를 규율하는 권리장전에 의해 많은 곳에서 제한된다.

민주주의에서 시민들은 스스로 법을 만들거나(직접 민주주의), 자신들의 이름으로 법을 제정하도록 다른 사람에게 권위를 부여한다(간접 민주주의). 오늘날의 민주주의는 "대의제적" 다양성을 지니지만, 유권자가 제안된 법안이 법률화 될지 안 될지를 결정하는 국민투표와 같은 직접민주주의 요소를 흔히 포함하고 있다.

민주주의는 "자유"로울 것을 요구한다. 이러한 요구에 따른 필수적인 요소는 민주적인 시민들이 법의 테두리 내에서 그들이 원하는 것을 자유롭게 하는 것이다. 이것이 "법 아래서의 자유" 이념이다.

■ **민주주의의 법률 제도의 요소**   법률 제도는 정치적인 권위에 의해 강제되고 규정된 절차에 따라서 만들어진 일련의 규칙이다.

▶ **행위를 규율하는 규칙**　이것들은 사람들이 행동하도록 허가되지 않은 것들 (절도나 속도위반과 같은) 또는 사람들이 해야 하는 것들 (납세 또는 병역 기피 또는 배심원으로서의 의무에 대한 책임과 같은) 또는 제도나 관행들(선거절차와 같은)이 어떻게 수립되는지에 대한 규칙이다. 국가의 경찰력에 의해 뒷받침되는 법원이 이러한 법률을 거의 항상 강제한다. 어떤 경우에는 행정부서나 행정부의 관리들이 법률을 강제하기도 한다.

▶ **유효한 규칙을 확인하기 위한 규칙**　이러한 종류의 규정은 유효한 법률이 제정되기 위해 법 제도에서는 무엇이 행해져야 하는지를 말해준다. 예를 들어 미국의 정치 제도에서 연방법은 상하 양원에서 통과되어야 하고, 대통령이 서명해야 하거나, 또는 의회가 대통령의 거부권을 3분의 2이상의 다수결로 무효 처리해야 한다.

▶ **규칙 개정을 위한 규칙**　이러한 규칙들은 어떤 기관이 새로운 법을 추가하거나 개정할 것인지 그리고 그렇게 하기 위해 요구 되는 절차는 무엇인지를 규정한다. 입법부가 법을 제정하고 개정하기 때문에 이는 "입법 규칙"이라고 불려진다.

▶ **규칙 해석을 위한 규칙**　이러한 규칙들은 규칙이 의미하는 것이 무엇이지에 대한 갈등이 어떻게 그리고 누구에 의해서 해결될 수 있는지를 말해준다. 이러한 규칙들은 어느 기관들(예를 들어 법정)이 규칙(예를 들어 법)을 해석하는 권리를 가지는지 열거한다.

민주주의에서의 법의 기능

▶ **관계의 규정과 규제**　법은 사회에서의 개인적, 경제적 그리고 여타의 관계를 규제한다. 이것은 어떠한 행위와 활동들이 허가되고 요구되는지 또는 금지되는지와 무슨 권리들이 정부에 의해 보호 되어야 하는지를 말해준다.

▶ **법은 분쟁을 규제하고 / 질서를 유지한다**　법률제도는 제도가 갖고 있는 주요한 활력소인 법으로 모든 형태의 분쟁을 규제하는 방법을 제공함으로써 사회의 질서를 유지한다. 그러나 어떤 분쟁들은 공식적인 법률 과정과는 다른 수단 즉, 예를 들면 공식적인 중재, 협상 (노동 협상과 같은), 그리고 조정(결혼 상담에서 처럼)에 의해서 해결된다.

▶ **사회적 변화의 시행**　법은 사회를 변화시키는 수단으로서 사용되어 질 수도 있다. 법을 해석하고 적용하는 법원과 법을 만드는 입법부 모두를 통해서 이것을 할 수 있다. 어떤 법률 제도에서는 법의 효력을 가지는 대통령령은 신중한 사회 변화를 실행하는 수단으로써 법을 보충한다.

- 아브라함 링컨 대통령의 노예해방 선언(1863)은 노예를 해방시킴으로써 근본적인 사회 변화에 영향을 주었다.
- 해리 트루먼 대통령(1945 – 53)은 예전에 인종적으로 분리되어 있던 군대를 통합하는 대통령령을 발표함으로써 중요한 사회적 변화를 달성하였다.

▶ **공무원의 권력에 대한 규정과 제한**　법은 공무원이 하도록 허가받은 것에 대한 권한의 범위를 정함으로써 공무원의 권

력을 제한한다.

- ▶ **자유의 존중과 기대의 보호** 법은 한편으로는 시민들이 자유를 행사할 수 있는 테두리를 설정하고, 다른 한편으로는 시민들의 안전을 보호한다. 법이 일관적이고 공정하게 시행될 때, 법은 피통치자들의 정당한 기대를 보장한다.

법의 종류 법은 다양한 형태로 존재하고, 그것들 가운데에서도 서로 다르다.

- ▶ **헌법** 현대의 헌법은 정부의 **권력**과 정치 제도 그리고 공무원들이 반드시 이행해야 하는 **제한**을 규정하는 정부의 구조 틀이다.
  - 미국, 독일 그리고 비슷한 법률 제도에서 헌법은 입법부에 의해 통과된 법이 헌법에 위배되면 법원에 의해 "무효"라고 선언되어 질 수 있기 때문에 **그 나라의 최고의 법으로써 작동**한다.
  - 이러한 법원의 권력은 "**사법 심사권**"이라고 알려져 있다.
- ▶ **법령** "법령"은 입법부에 의해 통과된 법들을 말한다. 법령에는 두 가지 종류가 있다.
  - **민법**은 모든 비형사적 사건을 다룬다. 이것은 계약위반과 같은 비형사적 위해나 "불법 행위" 그리고 가족법, 유언, 신탁과 같은 다른 것들을 포함한다.
  - **형사법**은 법을 위반한 자가 투옥되거나 어떤 법률제도 하에서는 죄를 지은 것이 밝혀지면 사형되는 결과를 가져올

수도 있는 법으로부터 발생되는 모든 일들을 다룬다. 형사
법의 위반은 또한 위반자가 도덕적으로 옳지 않은 방법으
로 행동해 왔다는 생각들도 포함된다.

▶ **관습법**   입법부에 의해 제정된 법이 아니라 유사한 사건에
대해서 미래에 구속력을 가지는 법원의 판결에 의해 성립되
는 법을 말한다. 비록 어떤 사례에서 이전의 법원 판례가 다른
법률제도에서도 법으로써 기능하는 것이 발견되어 왔지만
공식적으로 관습법은 앵글로-색슨족의 법률 제도에서만 유
일하게 발견된다.

▶ **행정법**   입법부에 의해 통과된 법(법령)의 권위 하에서 행
동하는 정부의 행정기관이 그들의 기능을 수행하기 위해 규
칙을 만든다.

▶ **종교법**   세계적으로 중요한 몇몇 종교들은 성서로부터 직접
유래되거나 종교적 기관에 의해 제정된 법적, 도덕적 규칙을
만들어 왔다. 어떤 경우에 이러한 법은 종교단체 자체의 통
치를 위해 종교 단체에 의해 만들어진다. 다른 경우에 종교
법은 사회를 통치하기 위해 의도된다.

▶ **국제법**   이것은 국가들 간의 조약, 계약 혹은 협약에 기반
한 규칙 덩어리이다. 국제 관습에 기반 하거나, 국제 사법
재판소의 판결과 같은 다른 근원에 기반을 둔 규칙이다.

  ● 국제법은 종종 강제하는 수단이 없거나 국제적으로 그것
    의 의미를 보편적으로 받아들일 수 있는 권위적인 해석이
    없기 때문에 국제법은 국내법과 근본적으로 다르다.

- 이러한 이유들로 국제법이 구속력을 가지는 정도와 상황은 자주 논쟁의 주제가 된다.

어떻게 생각하는가?

1. 민주주의에서 법의 위상은 무엇인가? 민주주의사회에서 법이 왜 중요한가?
2. 민주적 법률제도의 요소가 어떻게 민주주의 지배를 촉진시키는가?
3. 민주적 법률제도의 요소는 국민들의 의지가 사회를 붕괴시키지 않고 어떻게 공공 정책에 영향을 미치도록 허용하는가?
4. 민주주의에서 다른 종류의 법들 간의 관계는 무엇이며, 그것들은 서로 어떻게 맞추어 가는가?
5. 헌법은 다른 형태의 법과 어떻게 다른가?
6. 어떤 형태의 법이 민주주의에 가장 일치하는 것처럼 보이는가?

🄻 사회적 기반과 합의
민주주의와 정치 문화

용어에 대해 보편적으로 합의된 정의는 없지만, "정치문화"는 한편으로는 사회의 정치 제도와 과정, 다른 한편으로는 시민들의 태도, 가치 그리고 특정한 다른 측면들이 갖는 정치 활동과 정치 질서와의 관계에 대한 것을 지칭한다.

민주주의에 가장 부합되고 그것을 떠받치는 정치문화는 종종 "시민 문화"라고 불린다. 이러한 의미에서 "시민 문화"는 민주주의에 의해서는 절대로 완전하게 달성할 수 없는 **이상**으로 여겨지나 특정 민주주의에서 정치 문화의 상대적인 상태를 측정하는데 사용될 수 있다. 민주주의 정치문화를 설명할 수 있는 정치문화 이념의 역사적 근원은 무엇인가? 현대 자유 민주주의를 떠받치는 "시민 문화"의 특징은 무엇인가?

❝고대 그리스 정치 문화 이념의 뿌리❞

고대그리스의 철학자들은 오늘날 우리가 "정치문화"라고 부르는 것과 정부의 형태와의 관계에 대해 생각했다.

▣ **플라톤(Plato)**　기원전 15세기에 플라톤은 정부의 형태는 그 아래에서 살고 있고 일하고 있는 사람들의 심리적인 특성과 관계있다는 생각을 제시하였다. 그의 관점은 각각의 정부 형태에는 그에 상응하는 심적 경향과 개인적 특성 성향을 가진다는 것이다. 예를 들어:

- ▶ 민주주의 하에서 사는 사람들은 강력히 성취하고자 하는 규율되지 않고 광범위하게 퍼져 있는 욕망의 지배를 받는다.
- ▶ 민주주의자들은 욕망을 무제한적으로 성취하는 것을 "자유"라고 부른다. 민주주의자들은 사람들 간에 그리고 욕망에는 서열이 없는 것을 "평등"으로 부른다. 그 결과가 여러 가지 혼돈에 의해 생성된 번민하는 정치문화이다.

아리스토텔레스(Aristotle)　　기원전 14세기 플라톤의 제자인 철학자 아리스토텔레스는 오늘날에도 여전히 영향력 있는 정치문화의 고전적인 개념을 고안해냈다. 그는 가장 바람직하고 안정적인 정부의 형태는 부유하지도 가난하지도 않은 중산층에 기반을 둔 정부라고 주장했다.

- ▶ 정의상 중산층은 적절한 정도의 부를 가졌고, 적절한 재산이 있는 중산층은 이성을 가장 많이 따르고 자신들의 열정을 추구하는데 있어서도 중용을 보여줄 가능성이 높다는 것이다. 중도 정부는 가장 안정된 정부가 될 가능성이 높다.
- ▶ 국가의 안정성이나 불안정성에 영향을 주는 사람들의 심성과 관습이 어뗘한지에 대해 설명할 때, 아리스토텔레스는 정치문화를 설명한다. 그의 안정된 정부의 사회적 기초에 관한 설명은 오늘날 민주주의 "시민문화" 개념의 기원이 된다.

로마 저술가들과 공화주의적 이상　　기원전 1, 2 세기에 검열관 카토와 키케로와 같은 몇몇 로마 저술가들은 시민들의 심성의 습관과 행동이 로마제국의 정부에 준 영향에 대해 언급했다.

▶ 이러한 사상가들은 서민들의 습관과 특징이 타락해가는 징후에 대해 대단히 비판적이었다. 그들은 **부와 사치에 대한 열망**이 로마 제국의 안정을 약화시키고 위협한다고 믿었다.

▶ 그러므로 그들은 시민들의 가치관과 관습이－로마의 정치문화－정치에 영향을 주기 때문에 정치 질서, 정치 질서의 문제 그리고 앞으로의 전망을 이해하는데 가장 중요한 요소라고 믿었다.

▶ 시민들이 자신들의 개인적 즐거움을 우선적으로 하기 보다는 공공 업무와 정치체(그들의 "국가")의 안녕에 관심을 기울여야만 한다는 로마의 이념은 "시민 문화"이념의 하나의 요소이다. 시민문화 또는 시민 지향적 문화는 공공선에 대한 관심이 시민들에게 가장 중요한 정치문화로 생각될 수 있다.

제임스 매디슨(James Madison)과 미국의 건국자들   근대에 미국을 건국한 사람들은 아리스토텔레스와 같은 고대 저술가와 정치문화와 관련이 있는 마키아벨리와 몽테스키외와 같은 르네상스 시대와 계몽시대의 저술가에 대해 연구하였다. 미국 건국 아버지들은 새로운 미국이라는 국가의 성공을 위해서는 사회의 크기와 사회적 구조뿐만 아니라 시민의 가치관과 습관도 중요하다고 주장하였다.

▶ 많은 미국의 건국 아버지들은 **시민 도덕**(civic virtue)으로 요약되는 고대 공화국의 미덕을 시민들이 실행하는 것이 안정적이고, 성공적인 시민의 삶에 필수적이라고 주장하였다. "시

민 도덕"은 사적 이익과는 대비되는 공공선을 위해 최우선
으로 힘쓰는 것을 의미한다.

▶ 그러나 제임스 매디슨은 시민들의 시민 도덕이 중요하다고는
하나 너무 크게 의존해서는 안 된다고 주장했다. 대신 새롭게
확장된 상업공화국의 크기와 사회구조는 미국의 주요한 특징
이었다. 그러나 인민의 적합한 가치관과 관습은 미국헌법에
정해져 있는 것처럼 제한된 정부를 유지하는 중요한 역할도 수
행하는 것이다.

■→ 미국의 정치문화에서의 토크빌(De Tocqueville)　　프랑스의
귀족 토크빌(Alexis de Tocqueville)의 중요한 저서인 **미국의 민주주
의(Democracy in America (1838−40))**의 대부분은 그가 1830년 미국
을 방문했을 때 배운 것에 기반을 둔 것이었다.

▶ 토크빌은 미국 민주주의에서 정치문화의 역할에 대한 고전적
인 개념을 체계화 하였다. 그는 "인민들의 습관이 미국에서
민주주의 공화체제를 유지하는 데 기여한 가장 일반적인 원
인중의 하나로 간주될 수 있다"고 서술한 바 있다.

▶ 아마도 정치문화에 관해 토크빌이 발견한 것들 중 가장 중
요한 것은 자신들의 목표를 성취하기 위해 정부에 의존하기
보다 다수의 목적을 위해 자발적인 협력체를 조직하는 강한
특성이 미국인에게 있다는 것이다. 오늘날 "시민 사회"라고
알려진 이러한 결사체들은 모든 사람이 평등하고, 그리고 여
론의 영향력이 개인을 압도할 수 있고, 그렇기 때문에 잠재적

으로 전제적인 사회에 내재되어 있는 위험을 감소시킨다.

▣ 시민문화에 대한 현대의 기준　　학자들은 한 국가의 정치문화가 전통적으로 민주주의의 이상적 혹은 최적의 정치문화로써 간주되는 "시민문화"의 형태에 접근해가는 지표로써 흔히 다음과 같은 기준을 정하였다. 그러나 이 주제를 연구하는 학자들은 이러한 특징들의 역할이나 어느 정도가 최적인가 하는 것에는 동의하지 않는다.

> ▶ **참여**　　시민들은 정치 체제에 참여하고 싶어 한다. 그러나 민주주의에서 어느 정도의 참여가 가장 좋은지에 관하여 논란이 있다. 몇몇의 학자들은 특히 열정이 두드러지게 나타나는 광범위한 정치 참여는 정치적 질병의 신호라고 주장한다.
>
> ▶ **정치에 대한 노출**　　빈번한 참여자가 되든지 않든지 간에 시민들은 정치적 쟁점들을 접하게 되어 있고, 현재의 사건들을 인지하고 있다.
>
> ▶ **시민적 효능감**　　시민이 정치에 참여하기로 한다면, 공적 영역에서 자신들이 유능하게 할 수 있다는 의식이 널리 퍼진다.
>
> ▶ **중용과 관용의 규범**　　정치 안정에 도움이 되는 규칙들은 정치 제도의 모든 수준에 대한 참여자들에 의해 준수된다. 이러한 규칙들("규범들")은 공정한 시합, 기본적인 정직성, 타협의 필요성 그리고 이와 비슷한 도덕적 규범뿐만 아니라 중용, 관용, 그리고 모든 종류의 정치 활동에 있어서의 정중한 태도를 말한다. 정치적 반대자에 대한 정치적 증오, 근거 없는 비난 그리고 모욕은 없다.

▶ **공공 정책의 개입** 시민들은 선거 시기와 선거가 없는 기간에도 공적 문제에 대해 이해관계가 있으며, 감정적으로 개입되어 있다는 의식을 보여준다.

▶ **정치 체제에 대한 애착 / 충성** 시민들은 자신들의 민주주의 정치 체제가 갖고 있는 평화적이고 공정하고 효율적인 특성에 대해 자부심을 갖는다. 대부분의 사람들이 자신들의 사회가 통치되고 있는 형태에 근본적으로 만족감을 갖는다.

▶ **민주주의적 자치** 입법자들의 정부에 대한 반대는 제한되어 있고, 대부분의 대중들은 권력자들이 스스로의 일을 진행할 수 있도록 한다.

▶ **사회적 신뢰** 시민들은 협동적인 사회 활동에 있어서 타인을 믿는 능력을 보여준다. 이러한 믿음은 안정적이고 건강한 민주주의적 사회 질서를 유지하는 시민결사체를 만드는 데에 필요하다. 사회적 신뢰는 시민적인 행동이 효과적이고 노력할 가치가 있다는 의식을 유지하는데 도움을 준다.

≫ 다음에 대하여

어떻게 생각하는가?

1. 당신 정치문화의 중요한 특징은 무엇인가?

2. 당신이 속한 공동체, 지역, 국가의 정치적 문화에 대해 어떻게 평가하는가? 그것이 건강하다는 신호는 무엇인가? 문제의 신호

는 무엇인가?

3. 당신이 속한 공동체의 정치 문화는 "시민문화"라고 불리는 것과 어떻게 유사하거나 또는 다른가? 당신과 같은 사람들은 "시민문화"와 더욱 닮아가기 위해 무엇을 해야 하는가?

4. 미국의 역사적 정치문화를 포함하여 정치문화 이념의 역사가 당신의 정치문화에 대해 무슨 영향을 주는가?

5. 당신의 정치문화는 위에서 설명한 민주주의 정치문화에 대한 현대의 기준을 어느 정도 충족하는가?

"시민사회"는 자발적인 개인, 사회, 그리고 경제적 관계의 영역으로 그리고 비록 법에 의해서 제한되지만 정부기관의 일부도 아니며, 정치적 권위체에 반드시 필요한 것은 아닌 조직의 영역으로 이해될 수 있다. 따라서 이는 사회적 자치의 영역이라 할 수 있다.

시민사회와 권력의 분산　사회의 자유로운 활동의 영역으로서의 시민사회는 민주주의와 민주주의적 자유를 형성하고 유지시키는 데 있어서 매우 중요하다. 독립적이고 자발적인 조직이 대단히 다양하게 존재하는 것이 권력의 중심을 다양하게, 일반적으로는 널리 퍼지게, 만든다.

▶ **권력의 분산과 개인의 보호**　시민사회는 모든 권력이 정부의 손아귀에 있는 것은 아니라는 것을 확신시킴으로써 사회에서 권력을 분산시키고, 그러므로 인해 정부의 권력을 제한한다. 시민조직들은 권력 남용에 대해 폭로하고 저항하고 항의할 수 있기 때문에 정부의 권력남용을 어렵게 함으로서 정부 권력의 제한을 실현한다. 시민사회단체의 회원자격은 순종이나 복종을 요구하는 공적 그리고 사적인 부분에서의 외부적 강압과 개인 간의 심리적, 사회적, 경제적 방어막의 역할을 할 수 있다.

▶ **독립적 견해의 지지**　많은 수의 자치조직이 독립적 견해를 제시하고, 공공 업무에 관한 토론을 개최하고, 정부의 통제를

받지 않는 활동을 시작할 때 정부의 권력은 더욱 효과적으로 제한된다.

▶ **경제적 자원의 분산화**   경제적 자원이 정부의 손아귀에 집중되지 않고 시민사회에 다양하게 분산될 때 정치권력 또한 제한된다. 이는 경제적 자원이 정치권력으로 변화될 수 있기 때문에 그렇다. 자원이 시민사회에서 다수의 개인과 조직에게 분산될 때, 정치권력의 집중화를 제한하는 대안적이고 경쟁적인 근원을 갖는 권력이 존재하게 된다.

■ **시민사회는 다양한 다른 목적들을 만족시킨다**   시민사회 조직들은 사회 안에서 전체적으로 볼 때, 민주주의에 큰 이익을 가져다 주는 다양한 기능들을 수행할 수 있다. 시민 사회는 다음의 것을 할 수 있다.

▶ **개인과 집단들을 통합하는 것**   시민 사회는 개인들이나 배제된 집단들이 다양한 결사에 참여할 때 그들을 사회적으로 통합할 수 있게 하는 능력을 가진다. 이러한 결사체들은 사회적 접촉, 연합, 그리고 응집할 수 있는 방법을 제공한다.

▶ **정부 프로그램의 보충 또는 대체**   많은 경우에 시민사회 조직들은 정부 프로그램을 보충하거나 대체하는 서비스나 혜택을 필요한 사람들에게 제공한다. 이러한 공동체 집단들은 병자, 노인, 장애인, 그리고 배고프거나, 집이 없거나 정신적 장애를 앓고 있는 자를 돌보기도 한다. 다른 집단들은 교육, 건강, 오락 또는 여타의 서비스를 제공한다.

▶ **민주주의를 위한 시민교육**   민주주의의 미래는 자동적으로

보장되지 않는다. 민주주의는 스스로를 재생산하여야만 한다. 학교에서의 시민교육은 이러한 재생산 방법 중 한가지이다. 시민사회의 또 다른 많은 활동들도 있다. 시민 사회 조직들은 스스로가 민주주의 시민의 지식과 기술을 향상시키는 학교로써 행동할 수 있다. 이들이 실현시킬 수 있는 기능들 가운데 다음과 같은 것을 할 수 있다.

- 해당 조직을 통치하는데 있어서의 경험을 제공하는 것
- 정보에 근거한 정치적 판단을 위해 중요한 정보를 제공하는 것
- 개인들 간에 관용과 중용의 개발을 촉진시키는 것
- 미래의 사회, 정치지도자들을 위한 훈련장으로서의 역할을 하는 것
- 민주주의 과정을 촉진하는 대인관계의 기술을 익힐 수 있도록 동기부여하는 것, 그리고
- 정치적 참여를 고무시키고 다양한 사회의 관심사에 대한 의사표시를 하고 대표함으로써 정당의 역할을 보충하는 것

▶ **배타적 충성심의 외연 확장과 도덕적 관심의 확대** 사회적으로 다양한 구성원들을 끌어당기는 독립적 조직들은 배타적이고 개별적인 인종적, 종교적, 그리고 여타의 충성심의 외연을 확대시킬 수 있다. 회원가입을 통하여 다른 사람들에 대한 도덕적이고 윤리적인 배려와 책임의식을 촉진시킬 수 있다.

❝기본적 민주주의 권리로써의 시민 사회 단체 조직과 참여❞

조직을 결성하고 "시민사회"의 활동을 실행할 수 있는 권리는 민주주의의 매우 근본적인 권리 중의 하나이다.

▣ **시민사회에서의 시장의 역할**　시장은 민주주의 시민사회에서 필수적인 역할을 한다.

> ▸ **시장은 부당한 정부의 규제로부터 개인을 해방 시킨다**　시장은 모든 사람들을 정부의 부당한 규제로부터 해방시키는 수단(경제적인 자원)을 만들고 분배한다.
> ▸ **시장은 권력을 분산 시킨다**　시장은 경제를 통해 분산된 집단과 개인에 의해 통제되는 독립적인 권력의 핵심을 창조함으로써 정부로부터 권력을 멀리 분산시킨다.
> ▸ **시장과 중산층의 창설**　시장은 안정적인 정치질서를 위해 중요한 번영을 확장시키고 중산층을 확립시키는 필수적인 수단이다.
> ▸ **시장의 역할에 대한 논쟁**　교육, 건강관리 및 안전과 같은 특정 공공재를 제공하는 정부에 반하여 시장을 이용하는 것에 대한 정치적 논쟁이 존재한다. 이에 더해 사회에서 가장 가난한 사람들의 이익을 보호하기 위하여 정부에 의해 제한되어야 하는 시장 작동의 범위가 수시로 토론된다.

▣ **자유, 권위주의 그리고 시민사회에 대한 통제**　자유와 민주주의

는 정부가 시민사회 조직과 개인의 활동을 통제하기 위해 시도하는 정도만큼 감소되거나 소멸된다. 이러한 통제는 권위주의적 정부의 주요한 특징이다. 권위주의 정도는 이러한 정부가 시민 사회의 자율성을 제한하려고 시도하는 정도에 의해 측정된다.

▣ 시민 사회 조직의 예　"시민 사회" 조직과 활동의 예로는 종교 단체, 중소기업과 주식회사 같은 경제 조직 그리고 자선단체, 어떠한 예술이든지 실행하거나 지원하는 집단, 스포츠 조직, 그리고 이익집단을 포함하는 법을 준수하는 다양한 사회조직이 포함된다. 저술가 또는 공동체 지도자와 같은 개인의 공적 역할 또한 시민 사회의 부분이다.

▣ 시민 사회 조직의 정당성에 대한 제한　그러나 모든 종류의 범죄 조직은 민주주의의 자유를 넘어서기 때문에 시민 사회의 합법적인 부분이라 할 수 없다. 자유에는 법에 의해 규정된 제한이 있고, 범죄 조직은 이러한 제한을 위반한다. 따라서 정치적, 종교적 또는 여타의 극단적인 집단을 포함하여 자율적인 시민 사회 조직이라도 모두가 민주주의 사회에 있어 실질적이라거나 정당한 부분이라고는 더더욱 할 수 없다.

≫다음에 대하여

어떻게 생각하는가?

1. 시민사회는 어떻게 권력의 근원을 제공하고 정치적 사건에 영향을 미치는가?

2. 시민사회는 정부의 권력을 제한하기 위해 어떻게 기능하는가?

3. 민주주의에서 시민사회의 다른 중요한 기능들은 무엇인가?

4. 시민들이 자신들의 정치적 그리고 경제적 이익을 촉진시키기 위해 어떻게 시민사회에 참여할 수 있게 하는가?

5. 시민 사회에 있어서의 권력의 분산이 어떻게 자유와 민주주의를 강화시키는가?

28 사회적 기반과 합의
민주주의와 경제적 자유

사유재산, 시장, 경제적 자유와 민주주의의 관계

" 경제적 자유와 정치적 자유 "

▶ **경제적 자유와 정치적 자유**　경제적 자유와 정치적 자유는 서로 긴밀한 관련이 있다. 오늘날 존재하는 모든 성공적인 민주주의는 시장 경제 체제를 가지고 있다. 이러한 민주주의들은 경제에 정부가 간섭하거나 개입하는 정도가 다양하며, 어떤 민주주의는 스스로를 "사회 민주주의"라고 부르거나 불러왔다. 그러나 모두 주로 시장경제를 갖고 있다.

다음에서 고려하는 것들은 민주주의가 시장경제 그리고 여타 형태의 경제적 자유와 밀접한 관계를 맺고 있고 친화력이 있다는 주요한 이유를 설명한다. 민주주의적 정치적 자유는 한 쌍의 기둥 즉 시장경제와 사유 재산으로 대표되는 경제적 자유 없이는 존재할 수 없다. 이는 시장과 사유재산이 정치적 자유에 대한 정의의 부분인 제한 정부를 위한 조건을 제공하기 때문에 그렇다.

▶ **시장과 민주주의**　시장과 민주주의 정치적 자유부터 시작해서 모든 종류의 자유에 대한 가장 큰 위협중의 하나는 한사람에게 혹은 소수의 사람들에게 권력이 집중되는 것이다.

⏩ 중앙 정부가 모든 중요한 경제적 결정을 내리는 것이 요구되는 "계획 경제"는 소수에게 엄청난 권력을 집중한다. 이러한 권력은 정치적 자유뿐 아니라 다른 많은 자유를 불가능하게 만든다.

> ▶ 집중된 권력은 권력을 가진 자들이 제시한 것의 대안으로써, 대중에게 자신들이나 정책을 나타내 보일 수 있는 경제적 수단을 권력이 없는 자로부터 탈취하는 효과를 가진다.
>
> ▶ 또한 집중된 권력은 권력자들을 독단적인 지배자 또는 폭군으로 변화시키기도 한다.

⏩ 이와는 대조적으로 시장경제는 많은 사람들－수백만의 사람들에게 경제적 권력을 분산시킨다. 경제적 결정은 자원을 어떻게 사용할지, 자신들이 종사하고자 원하는 직업이 무엇인지, 어떻게 사업을 할 것인지를 정하는 수백만의 사람들에 의해 만들어 지기 때문에, 권력은 널리 분산된다.

⏩ 만약 단일 집단의 사람들이 정치적, 경제적 자유 모두 가지고 있다면, 그 집단은 자신들을 권력으로부터 제거하고자 시도하는 사람들을 재정적으로 뒷받침하지 않을 것이다.

⏩ 이와는 대조적으로 시장경제에 내재하고 있는 경제 권력의 분산은 정치적 자유를 가능하게 만드는 강력한 힘이다.

> ▶ 분산된 경제적 자원은 개인들에게 자유롭게 정치적 대안을 검토할 수 있도록 만들고 다양한 관점의 의사 표시를 할 수 있게 하는 경제적 독립성과 안전감을 개인에게 제공함으로써 정치적 자유를 부분적으로 촉진시킨다. 의사표시를 하는

데 필요한 경제적 자원이 다수에게 있기 때문에 이러한 의사표시가 가능한 것이다.

▸ 다음으로 사유재산 제도를 갖고 있는 시장경제는 경제적 자원에 대한 통제가 정부의 독점물이 아니라는 것을 확신시킨다. 개인들이 보유하는 경제적 자원은 정부 권력에 대한 집단적 상쇄권력을 형성하며, 이는 정부 권력을 감시함으로써 자유를 보존시키는 것을 손쉽게 만든다.

❝사유재산과 정치적 자유❞

사유재산은 정치적 자유를 가능하게 만드는데 중요한 역할을 한다.

▣ 사유재산은 개인의 자치를 가능하게 한다. 재산에 대한 소유권은 다른 사람에게 강요당하지 않고 스스로 결정할 수 있는 독립심을 길러준다.

▣ 재산 소유권으로 형성된 독립심은 독립적인 생각과 독립적인 관점도 길러준다. 정치적 자유는 대중이 현재의 정부에 대한 대안을 구성할 수 있는 다양한 선택권을 갖고 있는 곳에서만 가능하다.

▣ 사유재산은 권력자에게 도전하기 위해 필요한 경제적 수단을 개인들에게 둔다.

시장, 재산 그리고 정치적 자유시장경제와 사유 재산은 정치적 자유에 대해 필요조건일지라도 충분조건은 아니다.

⊡ 라틴아메리카처럼 사유재산이 존재하지만 상대적으로 극소수의 부유한 집안에게 집중된 경우, 정치적 자유는 희미해지거나 존재하지 않는다.

⊡ 시장경제와 사유재산은 그들 자체만으로 정치적 자유를 보장하지 않는다. 예를 들어 1930년대의 나치 독일, 1930년대부터 1970년대에 이르는 파시스트 정권의 스페인, 그리고 20세기의 후반부터 현재까지의 "온화한 권위주의" 싱가포르에서도 시장경제는 존재했다. 이와 같은 경우 시장경제는 정치적 자유의 조건을 보장할 수가 없다.

> ▶ 정부가 통제를 지속하기 위한 술책을 쓰게 되면 시장경제는 정치적 의사표시를 가능하게 하는 상쇄 권력을 형성할 수 없었고, 또 정부는 정치권력의 독점을 유지했었다.
> ▶ 그렇다 하더라도 시장경제와 사유재산을 이룩하거나 유지하기가 전혀 불가능한 것은 아니지만 없을 경우 정치적 자유와 개인적 자유가 지극히 어려워지는 경제적 합의이다.

⊡ 결국, 시장과 사유재산에 기반을 둔 경제 체제는 **사회의 사적 영역**에 대한 토대를 제공한다. 개인에게 남은 경제적 자원은 "시민사회"에 물질적인 지지를 제공하며, 그 시민사회를 구성하는 독립적인 기관들은 정치적 자유의 지속에 필수적인 것이 된다. (27장 민주주의와 시민사회를 보라)

어떻게 생각하는가?

1. 정치적 자유와 경제적 자유의 관계는 무엇인가?

2. 정치적 자유를 촉진시키고, 지지하는 시장의 기능은 무엇인가?

3. 사유재산 제도는 정치적 자유를 어떻게 지지하는가?

4. 개인적 자율성의 정도는 왜 정치적 자유의 유지에 중요한 조건인가?

5. 경제적 자유는 어떻게 사회의 사적 영역의 토대를 제공하는가? 정치적 자유와 사적 영역의 유지와의 관계는 무엇인가?

㉙ 사회기반과 합의

민주주의의 병리: 부패

부패는 정의, 책임, 부와 권력의 사용에 대한 중대한 문제를 제기한다. 1980년대 이후 민주화와 시장경제의 세계적 확산과 통합은 부패를 국제적 의제로 올려놓았다. 1991년 소비에트연방의 붕괴이후 지난날 주요 권력자들에게 유용했던 부패 정권은 받아들이기 어려워졌다. 많은 기업이 사업비용으로서 부패를 받아들이는 것을 거부하였고, 시민들은 해외 원조가 더 좋은 결과를 가져와야 한다는 것을 요구하였다.

정착된 자유민주주의는 다른 국가들보다 부패가 적은 것으로 인식되었다. 그러나 여러 면에서 비민주적인 싱가포르는 효과적으로 통제해온 반면, 세계의 가장 큰 민주국가인 인도는 부패가 과도하다. 부유한 민주사회에서 표면상 부패가 적은 것은 금전상의 이익을 선호하고 영향력을 매수하려는 유인책을 감소시키는 법과 제도를 반영하는 것일지도 모른다. 영국과 미국 같은 사회는 일찍이 과도한 부패를 경험하였으나 그것을 통제 하에 두는데 수세기를 보냈다. 이와는 대조적으로 신생국가는 경쟁적이고 빠르게 변하는 세계 속에서 기본적 제도를 수립하고, 처음부터 높은 기준의 포부를 갖도록 기대되어 왔다.

한동안 어떤 사람들은 부패를 관료제의 "바퀴에 윤활유를 뿌리는", 비공식적인 시장과정을 창출하는, 그리고 혜택을 제공함으로써 지도자들이 사회와 결합시키도록 돕는 하나의 방법으로써 긍정적인 것으로 보았다. 그러나 부패가 없으면 어떤 일이 일어나는지는 아무도 알지 못한다. 이러한 주장은 전체 사회를 걸친 부패의 영향을 고려하지 않는다. 최근의 연구는 부패는 경제 발전을 해롭게 하고 "갖지 못한 자"를 희생시켜 "가진자"에게 혜택을 주며, 제도와 책임성의 토대를 잠식한다는 것을 보여준다.

■ 부패란 무엇인가?　　　부패의 정의에 대한 일치된 합의는 없다. 부패에 대한 토론에서 구체화된 많은 견해들은 부유한 서양사회의 경험을 반영하므로, 다른 나라들에는 모두가 다 잘 적용되지는 않는다. 어떤 사람들은 문화적 가치와 여론이 부패를 정의해야 한다고 주장하는 반면 비평가들은 그러한 정의는 모호하고 이치에 맞지 않는다고 응답한다. 다른 정의는 부패를 공직자들이 공공 이익을 희생시켜서 자신들이 혜택을 받는 것으로 보고 있다. 그러나 "공공 이익"은 더욱 애매한 것이고 **부패란 무엇인가라는 질문은 그것의 효과에 대한 질문과는 다른 것이다.**

아마도 최고의 접근 방법은 "공공의" "사적인" "혜택" 그리고 무엇보다도 "남용"이 강력한 논쟁의 대상이 될 수 있다는 것을 바로 덧붙여서 **사적 이익을 위해 공적 역할과 자원을 남용**하는 것으로 부패를 정의 하는 것이다. 이 정의는 깔끔한 경계선을 그리지 않지만 실제로 발생할 경우 정치적일 뿐만 아니라 도덕적이고 윤리적인 차원의 개념을 강조한다. 부패는 권력을 가진 사람들이 책임을 지는지 또는 어떻게 책임을 지는지에 대한 질문을 항상 야기 시킨다.

■ 부패의 다양성　　　가장 일반적인 부패 관행은 사적 당사자가 공직자에게 결정이나 행동을 하도록 하거나 혹은 행동하지 않도록 하는 것을 교환조건으로 어떠한 가치를 제공하는 **뇌물공여**이다. 가장 가깝게 관련된 것은 공직자들이 보수나 선물을 요구하는 **금품강요**이다. 그러나 공무원에 의한 노골적인 절도를 포함하여 많은 다양한 것이 존재 한다. 때때로 부패활동을 정당한 활동과 구별 짓기 어려울 수 있다.

■ **부패의 원인**　4가지 설명이 가장 일반적인 것이다.

▶ **개인적인**　부패는 사악하고, 제대로 훈련받지 못한, 또는 급여를 적게 받는 사람들이 잘못된 일을 하기 때문에 생겨난다.

▶ **제도적**　제도적 해석의 한 형태는 예를 들어 비효율적인 훈련이나, 기록보관 그리고 감시와 같은 서투른 관리에 초점을 둔다. 다른 해석은 **제도적 설계**를 강조한다. 예를 들어 관료들이 정치가들에 의해서 쉽게 고용되며, 해고되는 정부는 그 자체에 부패 유인책을 갖고 있다.

▶ **체제적(정치체계 전체로서)**　정부는 그들을 둘러싼 사회로부터의 강렬한 요구에 직면해 있다. 공식적 절차는 종종 시간낭비이고, 불확실하고 값 비싸므로 부패는 지름길을 제공한다.

▶ **다양한 원인**　어떤 경우에 있어서는 -즉 대통령에 의한 불법행위와 같은 "개인적" 원인은 치명적일 수 있다. 그러나 신뢰 받는 사람이 공직에 있을 때조차도 부패는 발생하는 데, 이 경우에는 제도적이고 체제적인 문제가 강조된다.

■ **대비되는 부패 문제들**　모든 사회에는 부패가 존재하나 종류와 양에 따라 명백한 편차가 있다. 이런 요소들은 다음을 포함한 몇 가지 요인들을 반영한다.

▶ **법과 제도의 힘과 신뢰성**
▶ **정당성: 정부에 대한 대중의 애착과 지지**

사람들이 정부를 "자신들의 것"으로 볼 때 부패에 대한 관용은 떨

어진다. 이 요인은 다음의 것과 연관되어 있다:

- **사회에서의 주체성, 권위, 옳고 그름 그리고 개인의 역할에 관한 문화적 가치와 전통**
- **공공부문의 크기** 정부가 널리 스며들어 있고, 일을 처리할 수 있는 사적인 방법이 거의 없는 경우, 부패는 대규모로 될 것이다.

- ▶ **접근과 배제** 정당하게 정치적 영향력을 행사하는 것이 배제된 집단은 부정한 수단을 통해 방법을 찾을 수 있다.
- ▶ **정부 처리과정의 속도** 의사결정이 느리게 이루어지는 곳에서 사람들은 "급행료"에 의지한다. 공무원들은 사람들이 돈을 쓸 때까지 일부러 꾸물거린다. 그러나 결정이 빠르게 이루어질 때, 부패는 "시간을 사는 것"에 있다.
- ▶ **정치적 기회와 경제적 기회의 균형** 부자가 되는 것보다 권력을 얻기 쉬운 곳에서 사람들은 부를 획득하기 위해 권력을 이용한다. 권력을 얻는 것보다 부를 얻는 것이 더 쉬운 곳에서 부자는 영향력이나 공직을 추구한다. (헌팅턴, 1968)

부패 증후군 오랜 기간에 걸쳐 서로 다른 종류의 사회들은 대비되는 부패 "증후군"을 경험한다. 현재 또는 가까운 과거의 예에 더하여 네 가지 형태의 증후군은 다음과 같다.

- ▶ **시장에 대한 영향** **강력한 제도를** 갖고 있는 정착된 시장 민주주의에서는 사적 이익을 위해서 공직자에게 접근하기 위해 비용을 지불한다. 종종 정치가들 또는 로비스트들이 중개

자로서 행동한다. (미국, 독일, 일본)

▶ **엘리트 카르텔**　　**제도가 덜 강하고** 정치적 경쟁자들이 점점 강해지는 곳에서는 엘리트 카르텔이 지배한다. 이러한 곳에서는 정부 안과 밖의 고위 인사들이 나누어 가진 부패로 얻은 혜택들이 그들의 힘을 결속시킨다. (이탈리아, 보츠와나, 남한)

▶ **과두정치의 독재자와 파벌**　　공식적 **제도가 약하고** 정치적, 경제적 기회가 빠르게 급증하는 곳에서는 강력한 인사들은 공직자와 사적 부문의 인사를 포함하여 개인적 권력의 토대를 쌓기 위해 불법적인 수익을 이용한다. 이러한 종류의 부패는 폭력과 연관될 수 있다. (러시아, 멕시코, 필리핀)

▶ **공적 거물들**　　여기에서는 한사람 또는 내부 핵심그룹이 지배하며, **제도가 매우 약하다**. 지배자는 총애하는 사람, 후원자, 그리고 가족 일원에게 이익을 분배한다. 어떤 정권은 상대적으로 계몽되었으나 다른 정권에서는 부패가 사회를 분열시키고 빈곤하게 만든다. (케냐, 중국, 그리고 인도네시아)

▣ **민주주의에 대한 부패의 영향**　　민주주의에 대한 부패의 나쁜 영향은 부패 인사가 국외로 재산을 옮김으로써 투자가 위축되는 경제적 손실과 정치적 손실을 포함된다. 정치적 손실에는 다음과 같은 것이 있다.

▶ 정치 지도자는 신용을 잃고 지지를 사야만 한다.
▶ 법률 제정은 사회적 요구에 의한 것이 아닌 최고 명령자에 의해 제정된다.

▶ 공공 의무, 법 시행, 그리고 관료 기능은 손상되고 무력해진다.

▶ 정당은 지도자의 개인적 이익을 충족시키는 후원 조직으로 전락한다.

▶ 재판에서의 판결은 매수되거나 정치적으로 조작된다.

▶ 언론과 시민 사회는 권력 있는 사람들을 감시하기에 너무 약하다.

개선의 희망? 너무 많은 요인들이 작용하기 때문에 개선을 위한 단일한 방법은 없다. 부패는 사회에 깊이 박혀있는 문제이며, 사회의 다방면에 영향을 주는 동시에 또한 그것으로부터 **영향을 받기도** 한다. 개혁가들은 종종 부패로부터 이익을 얻는 많은 권력가들이 자신의 지위를 정치적으로 또는 폭력을 통해서 방어한다는 것을 발견한다. 주요한 부정 거래들은 흔히 국제적 범위에서 이루어진다. 부정을 **측정**하는 것 역시 문제가 된다. 부정행위에 대해 아는 모든 사람들은 일반적으로 그것을 비밀로 하려고 하므로 정밀하게 측정하는 것은 불가능하다. 그래서 부패를 통제하는 것은 단순히 법을 통과시키거나 사람들을 선하게 되도록 설득하는 문제가 아니다. 중요한 전략은 다음과 같은 것을 포함한다.

▶ **자유화** 정부를 경제에서 분리시키는 이 주장이 실현된다면 공무원들은 매수할만한 영향력을 거의 가질 수 없을 것이다. 정치를 개방시키고 유권자들은 "악당들을 내쫓을" 수 있게 된다. 그러나 앞의 해결책은 단순히 부와 권력의 남용을 사적 영역으로 옮기는 것인 반면에 정치적 경쟁을 지나치게

빠르게 증가시켜 고위 인사가 더 많이, 그리고 더 빠르게 약탈 할 수 있도록 만든다.

▶ **법 집행**　신뢰할 수 있고, 잘 집행되는 법 구조와 처벌은 필수적이다. 그러나 법을 집행하는 자가 타락했다거나, 언론이 자유롭지 못하거나 또는 시민들이 남용 행위들을 고발할 할 때 위해를 두려워하는 곳에서는 거의 시행되지 못할 것이다.

▶ **향상된 공공 행정**　더 좋은 관리나 기록유지와 제도적 설계 그리고 좋은 보수를 받고, "공무원" 법에 의해 보호되며, 잘 훈련받은, 적절한 숫자의 공공 인력은 필수적이다. 그러나 이러한 대책은 비싸고, 직업을 잃게 되었을 때 반발하는 자들의 저항을 직면하게 된다. 통제는 지나치게 제한적으로 될 수 있기 때문에 정부가 활동 할 수 없고, 유능한 사람들은 공무원을 피할 수 있다.

▶ **"뿌리 깊은 민주화"**　많은 사회가 권력과 책임에 대한 논쟁의 과정에서 부패를 줄여왔다. 남용으로부터 스스로를 보호하려고 하는 사람들은 결국 강력하고 합법적인 제도를 이끌어내는 해결책에 도달 할 수 있다. 많은 개혁가들이 정치를 부패한 것으로 간주하는데 이러한 관점에서 개혁은 필수적인 것이다.

어떻게 생각하는가?

1. 당신이 속해 있는 사회에서 가장 심각한 부패는 무엇인가? 이러한 부패의 결과로써 누가 이익을 얻고 누가 손해를 보는가?

2. 만약 할 수 있는 무엇이가가 있다면, 당신과 당신 친구들이 부패를 억제하기 위해 할 수 있는 것은 무엇인가?

3. 당신이 속해 있는 사회의 민주주의 또는 그 방향으로의 진행되는 것이 부패를 통제하는데 도움을 주는가 아니면 부패를 더욱 만드는가? 왜 그런가?

4. 당신은 어디에서 부패에 관한 정보를 얻는가? 그러한 출처를 신뢰하는가?

5. 당신이 속해 있는 사회가 부패를 억제하기 위해 할 수 있는 가장 도움 되는 세 가지 방법은 무엇인가? 개혁과 관련된 가장 큰 위험과 가능한 실수는 무엇인가?

6. 어떤 나라가 가장 위험한 부패를 가질 경향이 있는가? 그 국가는 어떤 종류의 부패를 가지고 있으며, 또 왜 가지게 되었는가?

VI

민주적 정부

30 정부의 중요한 3가지 기능

　정부의 중요한 3가지 기능은 **법을 만들고 법을 집행하며 법을 판결하는 것**으로 설명될 수 있다. 이 기능들은 차례대로 입법부(법 제정), 행정부와 정부기관들(법의 집행 / 시행) 그리고 사법부(법의 적용 / 판결)에 의해 대체적으로 수행된다.

▶ 입법의 기능 　법률제정을 통하여 주권자인 인민이 자신들의 권력을 행사하기 때문에 입법의 기능은 민주주의의 이념에서 가장 높은 위치를 차지한다. 그들은 일반적으로 자신들의 대표자를 통해 간접적으로 주권을 행사한다. 국민투표에서와 같이 다른 경우에는 인민들이 주권을 직접적으로 행사한다. 어떠한 경우에도 한 정치체의 영토에 거주하는 모든 사람들에게 구속력 있는 법을 제정하는 권력은 전적으로 인민에게 속한 권력인 국가의 주권적 혹은 최고의 권력이다.

　▶ 모든 형태의 민주주의 정부는 입법부에 행정부가 기능하는데 필요한 실질적인 권력을 준다. (어떤 형태의 민주주의에서는 다른 형태보다 더 많이 주기도 한다.)

　▶ 인민은 자신들의 주권을 자신들의 대표자에게 **위임**(빌려준다)한다. 그렇게 함으로써, 국민들은 자신들의 이름으로 행동할 수 있도록 자신들의 대표자에게 **권위를 부여한다**(승인한다).

　▶ 모든 입법 기능이 선출된 입법부에 의해서만 수행되는 것은 아니다. 법적 구속력이 있는 몇몇의 규칙들은 행정부에서 만들어진

다. 하지만 이러한 규칙들을 만드는 권한은 입법부가 제정한 법률에
근거하는 것이며, 만일 그렇지 아니한 경우 행정부에 의한 이러한 규
칙 제정은 위법이다.

⯮ 행정부의 기능　　정부에 있어서의 행정부의 기능은 입법부에 의
해 제정된 법을 "집행"하는 것이다. 정부 행정기관의 수장은 다양한
민주주의 정부 형태에 따라 다른 이름들로 불린다. 몇몇은 대통령이
라고 불리고, 의원내각제제의 수장은 "총리"라고 부른다.

　⯈ 이러한 정부의 수장들은 법을 집행하는 것 이외에 다음과 같
은 매우 중요한 기능을 갖고 있다.

> ▶ 정치적으로는 국가를 이끄는 것, 입법부에 법안들을 제안하
> 는 것, 외교정책들을 수행하는 것, 예산을 계획하는 것, 군대
> 를 지휘하는 것, 그리고 국가안보를 돌보기 위한 다른 대책을
> 세우는 것이다. 그러므로 행정부의 수장은 어느 민주주의에
> 서나 매우 중요하다.
> ▶ 이 모든 경우 정부의 수장과 측근 고문들은 "정부 부서",
> "기관", "국", "위원회" 그리고 이와 유사한 단위에서 법을
> 시행하는 많은 국가 공직자의 도움을 받는다. 커다란 국가에
> 서는 이러한 공직자들의 수가 수백만에 이를 수도 있다.

　⯈ 행정부의 수장들은 중요한 정부 부처의 수장("장관" 또는 "대
신") 집단의 도움을 받는다. 의원내각제에서 이러한 집단을 "내각"이

라고 부른다.

> ▶ 의원내각제 형태에서는 수상이 단독적으로 하는 것 아니라 수상이 총괄하는 내각이 집단적으로 중요한 결정을 내린다.
> ▶ 미국 같은 "권력 공유"체제에서는 대통령이 내각에 독립적으로 결정을 내린다.
> ▶ 프랑스와 같은 "대통령제"는 어떤 권력은 대통령이 행사하는 반면, 다른 권력은 총리에게 있다. 그러나 대통령의 권력이 두드러지게 더욱 중요하다. 이러한 형태의 정부에서 대통령의 결정은 내각의 공식적인 승인을 필요로 하지 않는다.

대부분의 경우 행정부서의 권력은 성문헌법에 상세히 설명되어 있다. 그러나 정부의 수장은 특히 국가적으로 위급한 상황인 경우 행정부 "본래의" 권력보다 더 많은 권력을 요구할 수도 있다.

행정기능은 국가적 또는 지역적 경찰력을 통해 법의 시행을 명령하고 검찰을 통해 형사사건을 재판에 부치게 하는 것을 포함한다. 하지만 법원의 행위는 정부의 세 번째 기능 영역인 사법 기능이다.

행정부의 수장은 때때로 "행정명령"이라고 알려진 특정 종류의 규정을 만드는 권력을 행사한다.

사법부의 기능　정부의 사법 기능은 각각 하나 또는 그 이상의 판사들이 있는 법원 시스템을 통한 법의 적용과 해석으로 구성된다.

🔲 정부의 다른 부분으로부터 중요한 사법 기능의 분리

몇몇 형태의 민주주의는 다른 민주주의보다 더 많이 입법의 기능을 행정부로부터 분리한다. 예를 들어, 브라질과 미국과 같은 "권력공유"체제보다는 의원내각제에서 행정부는 입법의 기능으로부터 덜 분리된다. 하지만 모든 형태의 참된 민주주의에서는 다른 부서로부터 사법기능을 보다 **실질적으로** 분리시킨다. 사법의 기능이 다른 부서 특히 행정부서에 의해 조종되거나 통제될 수 있다면 민주주의는 쉽게 독재주의로 변화될 수 있기 때문에 그렇게 한다.

🔲 **법의 지배와 사법부의 독립**   "법의 지배"는 사법의 기능이 실질적으로 독립적일 **때에만** 성취될 수 있다. 사법부가 공식적으로 행정부의 지시를 받는 의원내각제에서나 사법부의 독립이 실질적으로 명백하게 확립되어 있어 시민법에 의해 통치되는 국가에서의 경우에서도 바로 그러하다.

🔲 **사법부의 구성원들**   사법의 기능을 수행하는 사람들은 판사 그리고 법원 체제의 공무원과 고용인들이다. 몇몇의 법률 제도에서는 판사와 검사의 역할이 결합되어 있다.

🔲 **사법 절차와 정의**   민주주의에서 사법기능을 수행하는 사람들은 개인의 절차적 권리가 보호되도록 보장할 책임이 있다. 이러한 절차적 권리들은 미리 설정되어 있는 법 규정을 따르는 공정하고 공개적인 법률 절차라는 이념으로 요약될 수 있다.

🔲 **배심원**   많은 수의 민주주의에서 사법 절차의 핵심요소는 배심원의 활용이다. 배심원들은 피고에 대한 유죄선고를 거부할 수 있는 자신들의 권력을 통해 정부의 모든 부처에 대한 제재자로서 행동

할 수 있다. 배심원들은 혐의를 위법으로 고려하거나 경찰 혹은 검찰관들이 피고인들을 불공평하고 불법적으로 대하는 것을 찾아낼 수 있다.

» 다음에 대하여 어떻게 생각하는가?

1. 사회를 통치하기 위해서 정부의 중요한 3가지 기능들은 어떻게 상호작용하는가?

2. 정부의 3가지 기능들 중 어느 하나가 다른 기능들보다 더 중요하거나 필수적이라고 말 할 수 있는가? 또는 이 3가지 기능의 중요성이 대개 같은가? 왜 그러한가?

3. 정부의 3가지 부서에 어느 정도 권력 분립시키는 것이 민주주의의 성공을 위해 필수적인 이유는 무엇인가?

4. 행정부가 입법부를 통제할 수 있었다면 민주주의에 어떤 결과가 있겠는가? 행정부가 사법부를 통제할 수 있었다면, 결과는 어떠하겠는가?

31 민주적 정부의 형태

민주적인 가치들은 다양한 정부 형태에서 실현될 수 있다. 각각의 민주주의는 어떠한 형태가 그 나라의 국가적 특징, 인구의 구성, 지리, 역사, 그리고 여타의 특징들에 가장 잘 어울리는지 스스로 결정해야만 한다.

민주주의적 기관들의 형태 각각의 현대 민주주의는 특징을 정의하는 세 가지 세트의 각각에서 한 가지 요소씩을 결합하여 이루어진다. 즉 각각의 민주주의는 다음과 같다.

- 공화국이거나 입헌 군주국이고.
- 그리고 단일제, 연방제, 또는 연합제 중의 하나이고.
- 그리고 의원내각제, 대통령제, 또는 "권력 공유" 정치 체제 중의 하나이다.

대의 민주주의 또는 직접민주주의 위의 단락에서 열거된 모든 형태들은 국가가 **대의** 민주주의 체제라는 것을 가정한다. 시민들이 자신들을 대신하여 행동하는 대표자 없이 스스로를 다스리는 대안적 체제인 "직접" 민주주의 체제는 수백만의 인구를 가진 현대 사회에서는 비현실적이다.

❝공화국 또는 "입헌 군주국"❞

▶ **공화국** 공화국은 군주국이 아니고 대의 정부에 의해 통치 받는 국가이다. 공화국들은 민주주의일수도 있고 아닐 수도 있다. 즉 대표들은 민주적 선거를 통해 선출될 수도 있고 그렇지 않을 수도 있다. 공화국인 민주주의 체제는 종종 "민주공화국"이라고 불려진다. 전통적인 공화국들은 공공선에 대한 시민의 헌신을 강조하는 이념으로 특징지어진다. 현대의 민주공화국들은 교육을 통해 그러한 시민적 이상을 조장할 수 있다. 민주공화국에는 프랑스와 미국이 포함된다.

▶ **"입헌 군주국"** 네덜란드와 일본과 같은 몇몇 근대 민주주의는 "입헌 군주국"의 형태를 취한다. 비록 국가의 대표는 군주일지라도(일반적으로 왕이나 여왕 또는 황제) 이들은 민주주의 체제이다. 이러한 군주들은 의례적 의무들을 이행하고, 국가를 위해 통합하는 인물로서 행동한다. 그러나 그들은 정치권력을 행사하지 않는다.

단일제, 연방제, 또는 연합제 그 형태가 "공화국"이든 "입헌 군주국"이든 간에, 민주주의 정부들은 단일제, 연방제, 또는 연합제이다.

▶ **단일제**에서, 궁극의 정치적 권위는 중앙 정부가 보유한다. 중앙 정부들은 전형적으로 다양한 정부의 기능들을 행사하는 자치정부, 지역정부, 혹은 지방정부를 허용한다. 그러나 중앙 정부들은 이러한 하위 정부들을 지배하거나 심지어 그들을 폐지하는 권리를 유지한다. 예를 들면 영국, 일본, 남한이 포함된다.

■ **연방제**에서, 권력은 헌법적으로 두 종류의 정부에게 분할된다. 첫 번째는 국가의 안전과 국가경제정책과 같은 국가적 책임을 보유하는 중앙정부이다. 두 번째는 "지방", "주", 또는 그와 비슷한 하위 관할권이라 불리는 지리적 단위에서 "지역"문제들을 책임지는 일련의 정부이다. 그 예로는 오스트레일리아, 독일, 인도, 그리고 미국이 있다.

> ▶ 이러한 "구성" 정부의 권력이 헌법에 의해 보장되어 있기 때문에, 두 번째 정부 집단은 단일제에서처럼 중앙정부가 하고 싶은 대로 존재하는 것이 아니다.
> ▶ 연방제는 권력이 정부의 수준에 따라 분할되어 있기 때문에 연방제는 구성 정부에 의해서 권력 행사에 대한 제한 또는 감시가 이루어진다.
> ▶ 연방제에서는 중앙정부와 지방정부가 헌법 규정의 대상이 되는 각각의 고유한 영역에 주권이 있다.

■ **연합제**는 "연합" 혹은 유사한 용어들로 종종 알려져 있으며, 중앙정부 아래 느슨하게 통합되어있는 주권국가 집단이다. 구성요소인 정부들은 권력의 일부분을 중앙 정부에 위임하며, 그 권력은 연방제 정부의 권력보다 두드러지게 약하다. 예로 유럽연합을 들 수 있다.

> ▶ 연합을 구성하는 국가는 일반적으로 연합에서 탈퇴할 수 있고 독립적인 지위로 돌아 갈 수 있는 권리를 보장받는다.
> ▶ 연합제는 각 나라 간의 경합하는 시각을 조장할 수도 있고, 또 조절할 수도 있다. 그러나 가맹국들은 의지에 따라 탈퇴할 수 있기 때문에 단일제, 연방제에서보다 불안정하고 예측불

가능하게 할 수도 있다.

■ 의원내각제, 대통령제 또는 "권력 공유" 체제　"공화국" 또는 "입헌 군주국"의 형태이든, 단일제 또는 연방제, 연합제이든, 현대 대의 민주주의 정부는 의원내각제, 대통령제 또는 "권력 공유" 체제 라고 볼 수 있다.

> - "권력 공유" 체제는 정부의 권력이 완벽히 분리되어 있지는 않지만 다양한 형태로 부서들에 권력이 분산되어 있기 때문에 그렇게 불려진다. 예를 들어 행정부는 사법부의 후보자를 선택 할 수 있지만 이에 대한 인준은 입법부의 승인을 필요로 한다.
> - "권력 공유" 체제는 전형적으로 "대통령"을 갖고 있기 때문 에, 종종 "대통령제"로 불려 지기도 하나 이는 오도하는 것이 다. 인도나 이스라엘과 같은 의원내각제에서도 "대통령"은 존 재한다. 또한 "권력 공유" 체제에서의 대통령은 프랑스와 같 은 "대통령제"에서의 대통령만큼의 권력을 가지고 있지 않다.

■ 의원내각제　의원내각제에서 정부의 권력은 "의회", "국회" 혹 은 다른 용어로 알려져 있는 입법부에 의해 행사되어진다.

> - 영국과 인도, 일본에서 이루어지는 의원내각제는 전형적으로 두 개의 입법부 ("houses" 또는 "chambers")로 이루어져 있으 며, 그 중 하나는 "상원"(소수의 구성원을 가지는)을 말하고, 나머지는 "하원"(다수의 구성원을 가지는)을 말한다. 두 개의 입법부 중에서 "하원" 의회가 정부권력을 매일매일 행사하는

행정부의 수장을 선택하기 때문에 더욱 강력하다.

- ▶ 의원내각제의 가장 두드러지는 특징은 다른 체제에서 발견되는 정도보다 행정부와 입법부의 권력이 분리되어있지 않다는 것이다. 대신, 입법부가 "수상"으로 알려진 행정부의 수장을 선택하고, 그 수상이 의회의 구성원들 중에서 내각을 구성한다. 내각의 구성원들은 행정부 주요부서의 장이 된다.
- ▶ 사법부의 권력은 의회의 공식적인 지휘 아래 있지만, 법원은 "법의 지배"를 달성하기 위한 필수사항인 정치적 통제로부터 독립적이다.
- ▶ 이러한 방법으로 형성된 정부는 "신임투표"에 의해 결정되기 때문에, 의회의 지지를 받는 경우에 한해서만 봉사한다. 만약 신임투표에서 패배하게 되면 "실각"(권력을 포기하는 것이 요구된다) 하게 되고, 다른 정부가 형성되거나 국가적인 선거가 이루어진다.

"권력 공유"체제　　"권력 공유"체제에서는 브라질과 미국과 같이 정부의 세 가지 주요 기능들이 완전히 분리되지는 않지만 실질적으로 입법부, 행정부, 사법부로 분리되어있다.

- ▶ 의원내각제와 달리, "대통령"으로 알려지고, 국가의 원수이기도한 행정부의 수장이 입법부와는 독립적으로 선출되고. 입법부의 의원들이 하는 것처럼 정해진 기간 동안 일한다. 따라서 정부의 안정은 입법부에 다수를 획득한 행정부의 수장에 의존하지 않는다.

▶ 정부의 권력이 분리될 뿐만 아니라 "견제와 균형"이라는 제도를 통해 입법부, 행정부, 사법부 사이에서도 권력은 공유된다.

▶ "견제와 균형"을 통해 권력을 공유하는 목적은 한 부서 혹은 개인이 남용할 수 있을 만큼의 많은 권력을 가지지 못하게 하는 것을 보장하기 위해서이다.

▶ 몇몇 권력 공유 체제에서는 사법부가 헌법에 위배되는 것으로 판단하기 때문에 입법부의 법률 또는 행정부의 행위를 무효라고 선언할 수 있는 권력을 가진다. 이 권력은 "사법 심사권"으로 알려져 있다.

■ **대통령제**　　프랑스와 같은 "대통령제"는 의원내각제와 권력공유체제의 특징을 결합한다.

▶ 대통령제에서 대통령은 입법부의 의도에 따라 직무를 수행하지 않고, 정해진 기간 동안 선출된다. 그러므로 대통령은 입법부로부터 분리되어 있지만 실질적인 집행 권력을 행사한다. 그들은 "권력 공유"체제의 대통령 보다 더 많은 권력을 가진다.

▶ 이러한 체제의 대통령들은 중대한 행위에 대한 권력을 가지고, 때때로 명령에 의해 정책을 법제화한다. 여타의 권력으로는 중요 공무원들의 임명, 조약 협상, 국민투표 실시, 군대의 지휘, 비상권의 실행을 포함한다.

▶ 의원내각제와 같이, 대통령제는 "총리"를 가지고 있다. 하지

만 하원에서 총리를 선출하는 의원내각제와 달리, 대통령제
에서는 대통령이 국무총리를 임명한다.

▶ 민주주의 정부가 "대통령제"가 되기 위해서는 대통령이 있는
것만으로 충분하지 않다. "권력 공유"체제는 실재적인 권력을
가진 대통령이 있는 반면에 군주가 없는 의원내각제도 상징
적이고 형식적인 역할을 하지만 "대통령"이 있다.

» 다음에 대하여
어떻게 생각하는가?

1. 무엇을 고려하여 국가가 입헌 군주국 대신 공화국을 선택하게
되었는가?
2. 무엇을 고려하여 국가가 단일제, 연방제, 혹은 연합제를 선택하
게 되었는가?
3. 무엇을 고려하여 국가가 의원내각제, 권력공유제 또는 대통령
제를 선택하게 되었는가?
4. 단일제, 연방제 또는 연합제에 있는 장·단점은 무엇인가?
5. 의원내각제, 권력공유제, 대통령제의 장·단점은 무엇인가?
6. 정부를 평가하기 위해 사용하는 주요 평가기준은 무엇인가?

🕮 연방주의
연방주의의 정의

연방주의란 국가 전체적인 책임을 가지는 중앙정부와 지역적 / 지방의 대표성을 가지는 구성(지역) 정부(군, 현, 주와 같은 다양한 용어로써 알려진) 사이에 권력을 분할하고 공유하는 헌법적 합의이다. 연방체제에서 중앙정부는 정부의 어떤 분야(대외 정책, 국방 그리고 경제정책과 같은) 에 대한 권위를 가진다. 그리고 지역정부는 다른 분야(교육, 치안 그리고 토지 이용)에 대한 권위를 가진다. 연방제의 예로는 호주, 브라질, 캐나다, 독일, 인도 그리고 미국이 포함된다.

❝단일제와 연합제에 대해 연방제와 비교❞

연방제와 단일제 그리고 연합제 사이의 주요한 차이점은 다음과 같다.

➡ **단일제**에서는 지방과 지역정부가 중앙 정부의 최종적 권위 아래에 존재하며 중앙정부가 적당하다고 생각할 때마다 변경되거나 폐지될 수 있다. 이와 대조적으로 **연방제**에서는 지방의(군, 현, 주 등등)정부가 중앙정부에 독립적으로 존재하며 그들의 권력은 중앙정부의 의지와는 독립적이다.

➡ **연합**("연합체제")에서는 연합을 구성하는 국가들이 완전한 주권을 유지하고 그들이 원할 때 언제든지 연합에서 탈퇴할 수 있다. 이와 대조적으로 연방제에서 주는 부분적인 주권만 가지며 의지에

따라 연방에서 탈퇴 할 수 없지만 탈퇴하려면 일반적으로 연방 전체의 동의를 구해야만 한다. 그러므로 연합제는 연방제보다 느슨한 동맹이며 좀 더 분열되기 쉽다.

〃 연방제의 장점 / 가치 〃

■ **연방주의는 커다란 지역적 영역에 민주주의를 허락한다**　중앙정부의 통제를 받지 않는 지방정부를 만듦으로써, 연방주의는 지방정부가 지역의 일에 대해 많은 통제력을 갖도록 한다. 그러한 통제력은 의사결정의 요소를 영향 받는 지역 사람들에게 더 가까이 두기 때문에 민주주의에 직접적인 도움을 준다.

> ▶ 연방주의의 이러한 측면은 단일제였다면 권력이 지역정부로부터 멀리 있기 때문에 권좌로부터 멀리 떨어져 있는 사람들이 소외되거나 이익이 결여될 수도 있는, 특히 지리적으로 큰 나라에 이득이 된다. 그러므로 연방주의는 큰 영토를 가진 나라의 민주주의에 힘을 실어 준다.
> ▶ 광대한 국가에서 연방주의의 또 다른 이점은 지방정부가 지역적인 관습, 관행, 그리고 선호에 대한 차이를 좀 더 그리고 더 잘 고려한다는 점이다. 단일제에서는 때때로 모든 수준의 정부에서 모든 지역에 정책이 같은 방식으로 적용되는 경우가 있다.

≫ 연방주의는 정치권력을 분산시킴으로써 자유를 보호한다.

➡ 연방주의는 최소한 두 가지 방법으로 정치적이고 개인적인 자유를 보호한다.

- ▶ 압도적인 정치적 권력을 개인 또는 특정한 기관에 두지 않을 것을 보장함으로써 연방주의는 중앙 정부에 권력이 집중되는 것에 대하여 견제와 균형을 제공한다.
- ▶ 연방제는 **다양한 관점을 가진 시민들이 정치권력에 접근할 수 있도록** 제도화 한다.

➡ **연방주의는 정치적 다원주의를 촉진한다**　연방주의는 지역의 정치적 활동과 지역의 고유한 업무에 대한 지방정부의 통제를 장려한다. 그렇게 함으로써 연방주의는 서로 다른 의제를 가진 다양한 집단이 정치에 등장하는 것을 장려한다. 이런 정치적 다원주의는 더 많은 개인과 집단들이 공공 정책에 있어서 발언권을 가질 수 있도록 하고 정치적 효능감과 공공 업무에 포함된다는 느낌을 얻도록 한다.

➡ **연방주의는 공공정책에서 실험을 허용한다**　공공 정책이 성공하면, 그 정책은 국가 전체에 걸쳐 적용될 수 있다. 구성 영토(주, 현)는 실험 장소로서 역할을 수행할 수 있다.

➡ **연방주의는 시민의 선택을 촉진한다**　대부분의 또는 모든 면의 공적 생활에서 모든 시민들이 동일한 국가 정책 하에 사는 것을 강요하는 대신 연방주의는 서로 다른 지역에서 다른 정책을 실행하게 함으로써 선택을 장려한다.

▣ **연방주의는 효율성을 촉진한다**   제도(사법제도, 입법부 그리고 관료제와 같은)의 중복에도 불구하고, 연방주의는 지방정부가 다음과 같은 것을 제공하게 함으로써 자원의 효율적 사용을 장려한다.

- ▶ **더 빠른 의사결정**   특히 큰 영토와 많은 사람들에 대한 책임을 지고 있는 중앙 정부는 지방 정부보다 의사결정 하는데 더 많은 시간이 소요된다.
- ▶ **자원의 사용은 지역의 필요와 욕구에 기반을 둔다.**   단일제가 실행할 수 있는 단일한 "하나가 전체에 맞아 떨어진다"라는 식의 접근 보다는 자원의 사용은 지역의 필요와 욕구에 기반을 둔다.

66 **연방체제의 단점** 99

▣ **연방주의는 국가 최우선 사항에 대한 거부권을 인정할 수 있다** 구성(지방) 정부는 자신들이 주권을 가진 지역에서 국가의 최우선사항 또는 정책들을 무시하거나 변경할 수 있다. 예를 들어 국가 지도자들은 강력한 교육제도와 일반적 교육 기준들이 국가의 번영에 필수적이라고 믿을 수 있으나, 지방정부는 그에 따라서 재원을 할당하거나 높은 수준의 교육 기준을 시행하는 것을 원치 않거나 시행하지 못할 수도 있다.

▣ **연방주의는 불공평한 대우를 인정할 수 있다**   시민들은 여러 지역(주, 현 등)에서 동등하게 대우받지 못 할 수도 있다. 복지국가 혜택이나 기본적인 시민권의 영역에서 구성 정부는 몇몇 집단에 불

리하게 작용할 수 있는 자신들의 기준을 만들 권리를 가질 수도 있
다. 역사적으로 연방주의의 이러한 측면은 몇몇 장소에서 소수 집단
에 대한 다수집단의 전면적인 차별을 가져오기도 했다.

» 다음에 대하여 어떻게 생각하는가?

1. 무엇이 연방제를 연합제 그리고 단일제와 구분시키는가?
2. 연방주의의 장점과 단점은 무엇인가?
3. 어떠한 사회가 연방제로부터 가장 혜택을 받을 수 있는가?
4. 민주주의에서 연방주의가 자유를 어떻게 증진시킨다고 말할 수
   있는가?

33 사법제도

모든 사회는 통치하기 위해 권위 있는 규칙이 필요하다. 강제적인 행동 규칙들이 없으면, 사회질서는 빠른 속도로 무질서하게 변한다. 아리스토텔레스는 "법과 정의"의 제도로부터 고립된 인간은 "최악의 동물"이지만, 법과 정의에 복종하는 인간은 "최고의 동물"이라는 유명한 말을 했다.

법규(법)를 확인하고 적용하는 제도는 사법제도로 알려져 있다. 다른 정부체제처럼 민주주의는 이러한 제도를 통해 문명을 보존하고 질서를 확립한다. 사법제도는 법원과 관련 기관으로 이루어진다. 판사와 사법제도를 운영하는 유사한 공직자들("법관")의 근본적인 임무는 자신들에게 제기된 사건에 법을 적용시키는 것이다. 그렇게 함으로써, 모든 민주주의는 서로 다른 방식으로 할지라도 "법의 지배"를 위해 노력한다.

법원의 권력은 법률 제도의 유형에 따라 다르다고 여겨진다. 어떤 제도에서는 어떠한 법원이든지, 또 다른 제도에서는 특정 목적을 위해 설립된 특별법원이 제정된 법령이 국가의 헌법과 일치하는지를 결정할 수 있도록 하고 있고, 또 모순되는 법을 무효화할 수 있도록 하고 있다. 예를 들어, 미국의 사법제도 하에서는 최종결정권은 미 연방대법원이 갖지만, 모든 법원은 헌법이 수정되거나 개정 또는 의회가 법률을 개정하지 않는 한 법의 "합헌성"(미국 헌법과의 일관성)을 결정할 수 있는 자격이 있다.

어떠한 구조와 권력을 가졌던지 간에, 민주주의 체제의 사법제도는 법의 지배하에 있는 모든 사람들에게 정의를 동등하게 적용함을 추구하는 법적 틀 안에서 민주주의가 평화롭게 기능하도록 하는데 중요한 역할을 한다.

❝사법제도의 기능❞

사법제도는 다음 기능을 전부 또는 일부를 수행한다:

▶ **법을 어긴 사람들에게 법적 제재를 가한다**   법원은 법을 어겨 기소된 자들에게 유죄 아니면 무죄임을 결정하고, 그리고 벌금과 징역과 같은 법적인 제재를 가한다.

▶ **사법적 오류에 대해 감시하게 한다**   현대 민주주의 사법제도는 하급법원의 결정을 상급 법원에 상소할 수 있는 계층적인 법원구조를 포함한다. 어떤 제도에서는 항소법원(상급 법원)이 민사와 형사의 모든 사건 재판을 담당한다. 다른 제도에서는 오직 특별한 상급 법원만이 예를 들어 민사, 형사 또는 헌법 재판을 담당 한다. 사법제도의 항소 기능들은 상급법원이 하급 법원의 오류를 바로잡도록 한다.

▶ **사적인 집단사이의 갈등을 해결한다**   "민사"라고 알려진 비 형사사건에서, 법원은 사적당사자들이 개인적 침해, 계약 위배, 그 밖의 여러 가지 분쟁을 해결할 수 있는 재판소이다.

▶ **특정한 법적 결정의 시행을 관리한다**   몇몇 경우에 법원은 법적인 결정을 관리한다. 어떤 기관의 위반행위가 위법한 것으로 밝혀지면, 법원은 그 기구가 법원이 명령할 구제절차를 준수하는 과정을 감독할 수 있다.

▶ **법을 창설한다**   가끔 법원은 자신들이 내리는 판결의 구속력을 통해서 법을 창설한다(비록 몇몇 시민법 체계 역시 어느 정도 판례를 따르지만 주로 보통법 체계에서).

▶ 보통법 체계의 법원은 판결되어져야 할 사건과 비슷한 이전의 사건에서 발견된 규칙과 원칙을 적용함으로써 민사(비 형사) 사건에 대해 판결한다. 어떤 경우에 이것은 또한 형법에서도 적용된다. 미래의 법원은 자주 이전의 판결을 따를 것이기 때문에 가끔씩 이러한 적용 사례들은 새로운 것이 되고 새로운 법에 대해 영향을 끼친다. 이전의 판결에 대한 준수는 "판례를 유지하자"라는 의미하는 **선례 구속성의 원리**로 표현된다.

▶ 전통적으로, 시민법 체계에서의 법원은 이러한 권력을 가지고 있지 않으며 성문법에 엄격하게 충실하다. 그러나 오늘날 시민법 체계의 법원을 연구한 것을 보면 그것들이 가끔씩 전례를 따르고 있다는 것을 발견된다.

■ **제정법과 헌법의 해석**　미국의 연방 대법원은 역사적으로 헌법에 모순되는 법의 무효(실효성 없음)를 선언하는 권력을 가진 최고의 법원이다. (1787년 미국의 헌법이 채택되기 전에는 새로이 독립한 주의 많은 법원들이 주 헌법 아래 법이 위헌임을 선언한 바 있다.)

▶ 이 권력은 "**사법 심사권**"이라고 알려져 있다. "제정법"이 무효화 될 때 미 연방 대법원은 입법부에 의해 제정된 법보다 우위를 가지는 최고 법으로 헌법을 다룬다.

▶ 오늘날 호주, 캐나다, 인도, 프랑스, 독일 그리고 라틴 아메리카의 몇몇 국가들은 다양한 형태의 위헌 사법 심사권을 채택하고 있다. "사법 심사권"의 관행은 다른 국가의 법률 제도에까지 확대되고 있다.

❝민주주의에서 발견되는 사법 제도의 유형❞

현시대의 민주주의 국가들은 보통법과 시민법이라는 두 가지 유형의 사법 체계를 가지고 있다. 전자는 영국과 미국, 호주와 같은 이전의 영국의 식민지에서 나타난다.

▶ **보통법체계와 시민법 체계**　보통법 체계와 시민법 체계의 가장 구별되는 차이점은

- ▶ 보통법 체계는 부분적으로 경험에 기반을 둔 것으로 인지된다. 이 경험은 미래에 내릴 결정에 구속력을 가지는 판결로 이전의 결정에 포함 되어있다.
- ▶ 시민법 체계는 자주 논리적 일관성을 구체화하는 법 조항에 기반을 둔 것으로 인지된다.

▶ **보통법 체계와 시민법 체계의 비교**　두 법체계 사이의 기본적인 차이점으로 인해

- ▶ 전통적으로 보통법 체계는 시민법 체계에 비해 훨씬 더 자주 사법적 결정에 의해 변화한다.
- ▶ 이와는 대조적으로 시민법 체계는 사법적 결정에 있어서 성문법을 충실히 고수한다. 문제가 법률 용어에서 발생되는 경우, 시민법 체계에서의 해결책은 일차적으로 영미법에서 발견되는 것처럼 "판사가 만들어 내는 법"의 형태가 아닌 법률 개정에 있다.

어떻게 생각하는가?

1. 사법제도의 주된 기능이 어떻게 민주주의를 더욱 번영하게 할 수 있는가?

2. "사법 심사권"은 무엇인가? 입헌 민주주의와 모순이 없는가? 왜 그러한가? 아니면 왜 그렇지 아니한가?

3. "사법 심사권"을 부여받은 사법제도를 선호하는가, 아니면 법원에 이러한 권력이 없는 사법제도를 선호하는가? 그 이유는 무엇인가?

4. 보통법 체계와 시민법 체계의 주된 차이점은 무엇인가?

5. 이러한 사법제도의 유형들 각각의 장·단점은 무엇인가?

34 민주적 투명성과 책임성

"투명성"은 정부가 닫혀 진 문 뒤에서 비밀스럽게 일을 하는 것과는 대조적으로 정부가 하는 일을 "보는" 시민의 능력을 말한다. 정부와 정책에 관련된 모든 종류의 정보에 대한 접근은 투명성을 이루는 중요한 수단이 된다.

"책임성"은 시민들이 정부 공무원의 행위에 대해 처벌과 보상을 할 수 있는 능력이다. 책임을 성취하는 수단은 공직을 보유하는 자를 선출하는 것부터 시작하여 민주주의 정부의 가장 기본적인 몇몇 과정이 포함된다.

투명성과 책임성은 민주주의 과정에 **필수적**이며 서로 밀접하게 관련되어 있다. 유권자로써 행동하거나 여론의 대표로써 행동하는 시민들이 공직자를 어떻게 다룰 것인가에 대해 내리는 판단은(책임성) 정보의 획득과 평가를 통해서 한다(투명성). 정치체제에서 투명성이 **충분하지** 않다면, 완전하고 정확한 책임성은 발생하지 않는다. 그들의 정책과 행동에 대한 정확하고 시기적절한 정보가 대중에게 유용하지 않거나 알려지지 않으면, 공정하고 합리적인 칭찬과 비난은 공직자에게 할당될 수 없다.

❝투명성 성취의 수단❞

▶ **형식적 발표와 비형식적 발표**　대중들은 정보를 대중연설과 발표(주지)를 통해 얻는데, 다음과 같은 것들이 포함된다.

- ▶ 인쇄물과 전자미디어
- ▶ 공무 보유자와 대중의 공식적인 연설
- ▶ 공공 회합
- ▶ 말과 쟁점에 관한 자유롭고 열린 토론
- ▶ 인터넷

■ **입법부의 업무**　　입법 영역에서 어떻게 투명도가 성취되는지에 대한 예는 다음과 같은 수단이 포함된다.

▶ 선거 운동 자금과 로비활동에 쓰여진 돈의 완전한 공개
▶ 대중과 언론이 입법 청문회에 참여할 수 있도록 허가하고 공식적인 입법 절차에 대한 TV 방송을 허가함
▶ 입법과정과 입법 심의를 규율하는 규칙에 대한 정보를 대중에게 공개할 것
▶ 의회에서의 모든 공식적인 절차, 청문회, 발의된 법, 위원회 투표와 기립투표를 언론이나 분립정부 뿐만 아니라 인터넷에 공표. 영국의 **국회 의사록**과 미국의 **연방 의회 의사록**과 같은 기금이 지원된 자료의 간행
▶ 입법자에 의한 기자회견, 공공 연설, 진술.

■ **행정부의 업무**　　행정 영역에서 어떻게 투명도가 성취되는지에 대한 예는 다음과 같은 수단이 포함된다.

▶ 발의된 규제들의 공식적 기록과 공공사업의 다른 문제들의 공표
▶ 행정부서에 의해 제기된 규제에 대한 공개 청문회를 보장하는 규제 과정
▶ 행정 공무원과의 기자회견
▶ 행정부의 부패와 불법행위를 폭로한 공무원들을 보호하는 조항 ("내부 고발자" 법규)
▶ 이에 더하여 몇몇 민주주의는 요구하는 시민들에게 정부기관이 한 때 비밀로 했던 파일과 같은 특별한 정보를 찾아 분배

하도록 하는 특별법을 가지고 있다.("정보공개"법)

⇨ 사법부의 업무　　사법 영역에서 어떻게 투명도가 성취되는지에 대한 예는 다음과 같은 수단이 포함된다.

- ▶ 대중과 언론에 공개되는 재판 과정
- ▶ 일반적인 시민들로 구성되는 배심원
- ▶ 재판 과정의 공표와 방송
- ▶ 모든 사법적 결정의 공표와 인터넷과 도서관에서 그것이 이용 가능 하도록 보장하는 것

❝ 책임성을 성취하는 수단 ❞

공직자가 책임을 지도록 하는 주요한 수단은 직무에서의 해임 위협이다. 그러나 책임의 다른 형식들 또한 있다.

⇨ 공직으로 부터의 해임

- ▶ **선거**　　당선된 공직자들을 책임성 있게 하기 위해 가장 널리 실행되는 수단은 선거를 통한 직무에서의 해임이다. 이러한 공직자들은 입법부, 행정부, 적용되는 곳에서는 사법부의 공직자들이다.
- ▶ **탄핵**　　직무로부터 해임시키는 또 다른 수단은 "탄핵"절차이며, 이를 통해 정부의 여러 부서에 있는 공직자는 입법부에 의해 공판에 회부되고 유죄판결로 직무에서 해임된다.

▶ **비난으로 인한 해임과 사임**　　선출된 공직자들은 적대적인 평판이 한창일 때 비난으로 직무에서 사직할 수도 있다. 무능력 또는 불법행위로 비난받는 비선출직 공직자 특히 정치적으로 임명되는 자리를 차지하고 있는 인사들은 그들의 상사에 의해 직무에서 해고당할 수 있다. 그들은 또한 비판적인 평판에 의해 사임하라는 압력을 받을 수도 있다.

형사 소송 절차　　당선되거나 임명된 공직자들은 증언된 위법으로 형사 소송 절차에 기소될 수도 있다. 전형적으로 형사 소송 절차에서 유죄가 입증된 공무원에 대해 사임하도록 압박이 가해진다.

공적 불명예　　공직자에 대한 제재는 재직 시의 부도덕한 행위에 대한 광범위한 평판과 대중 불만의 표출을 통해 받는 명예의 손상이 포함된다. 그러한 공적 불명예는 다른 공직자에 대한 억제책으로 작용하며, 그리고 공공 도덕규범의 강화책으로 작용한다.

▶ 다음에 대하여　　어떻게 생각하는가?

1. 민주주의적 정부라는 맥락에서 "투명성"의 의미는 무엇인가? 어떻게 정부를 더욱 투명하게 만들 수 있는가?
2. 민주주의적 정부라는 맥락에서 "책임성"의 의미는 무엇인가?
3. 정부의 투명성과 책임성이 민주주의의 기능에 왜 필수적인가?
4. 시민들은 정치적 책임성을 증가시키기 위해 무엇을 할 수 있는가?
5. 시민들은 민주주의적 정부의 업적 수행을 감시하기 위해서 정치적 투명성의 수단을 어떻게 이용할 수 있는가?

VII

민주적 정치 과정

35 정당

정당의 정의

정당은 일련의 이념과 가치에 기초하여 공공 정책 쟁점들에 대해 철학적으로 일관된 입장을 증진시키고 표출하기 위해 모인 같은 생각을 가진 개인들의 결사체이다. 정당은 공공 쟁점, 문제, 관심사에 대해 활동(정책)의 방향을 제안한다. 정당은 선거 운동 기간 동안에 공직 선거에 출마한 후보자들을 지지한다. 정당은 선거 경쟁을 통해 정치권력을 획득하고 행사하려는 조직이다. 정치학 연구자들은 정당을 민주주의의 중심에 둔다. 이러한 점에서 현대 민주주의는 정당 간의 권력을 위한 경쟁적인 선거 투쟁을 중심으로 이루어진다.; 오직 하나의 합법적인 정당만을 가지는 정치 형태는 민주주의가 될 수 없다.

정당은 세 가지 다른 관점으로 볼 수 있다. 정당은 입법부 내에 존재하는 조직체로 볼 수 있다. 두 번째 관점은 정당은 의회를 넘어서 전체 사회 속에 존재하는 공식적인 조직적 기구라는 것이다. 세 번째 관점은 정당은 많은 대중들 가운데 정당의 구성원으로써 스스로를 인식하는 다수의 시민들로 구성된다는 것이다.

▶ 정당의 기능　　정당은 현대 민주주의 정치 체제의 필수적인 요소이다. 정당이 없다면 많은 지역에 경우에 따라서는 광대한 지역에 거주하는 수백만의 시민들로 구성되는 민주주의가 어떻게 스스로를 효율적으로 조직할 수 있는지를 이해하기 어렵다. 민주주의 정치 체제에서 정당의 기능의 예는 다음을 포함하며, 정당은 이중 일부, 다수, 혹은 모두를 수행할 수 있다.

▶ **여론의 집약**: 유권자에게 다양한 공공 쟁점에 대해 응집된 공적 견해를 제공하고, 다양한 개인과 집단들이 연합하는 기반으로 작용하는 이익 공동체를 생성시킨다.

▶ "공공 의제"의 형성을 도움: 특정한 시기에 대중들의 관심사 중심에 서는 공공 정책 그리고 그것을 위해 제안되는 다양한 행동 방향으로 정의되는 공공 의제를 형성하는데 도움을 준다.

▶ 공직을 차지할 기회를 부여함으로써 정치지도자를 충원한다.

▶ **공직 후보자의 지명**: 어떤 선거 체제에서는 유권자가 고려할 수 있도록 후보자 명부를 제시한다.

▶ 공공 쟁점, 문제, 그리고 관심을 다루기 위한 프로그램을 정하는 선거 운동을 수행한다.

▶ 어떤 후보자가 유권자의 정치적 견해와 가장 근접해 있는지를 판단하는 것을 돕고, 그렇게 함으로써 선거 결과로 나타나는 **유권자의 의지와 의견이 대표되는 것을 촉진시킨다.**

▶ **정부와 대중 사이의 매개 역할**을 수행하여 선거와 정부의 책임성을 증진시키는 수단을 제공한다.

▶ **정부를 조직하는 수단을 제공**하며, 또한 정부 각 부서 간을 결속시키는 수단을 제공한다.

▶ 선출된 공무원들을 통해 정부의 행정 부서들을 통제한다.

▶ 정당이 제안하는 공공 정책을 시행하기 위한 입법 프로그램을 형성한다. 이러한 프로그램들은 유권자들에게 정당을 지지할 것인지 그리고 공공 영역을 시민들에게 밀착하도록 하게 만드는지에 대한 정보를 유권자에게 제공한다.

▶ 의원들에게 자신들의 일을 수행할 수 있고 또 대중에게 자신들의 프로그램을 제시할 수 있는 틀을 제공한다.

▶ 같은 생각을 가진 사람들이라는 소속감과 연대감을 당원들에게 제공한다.

▶ 도움이 필요한 당원에게 실질적인 도움을 제공한다.

정당의 종류   정당들은 서로 상당히 다르다. 정당은 세 가지 형태를 가진다.: 각각의 정당은 법률을 제정하는 부분, 공식적인 조직적 정당 구조, 그리고 대중들 가운데 많은 회원들을 가질 수 있다. 어떠한 두 정당도 특성이 반드시 일치하지는 않는다. 예를 들면 다음과 같다 :

▶ 어떤 정당들은 쟁점을 집약하고, 후보자를 내세우고, 선거운동을 수행하는 것과 별개로 구성원들에게 특정의 명백한 사회적 혜택을 제공하는 상대적으로 단단히 조직된 "회원" 정당이다.

- 이 정당들은 정당 구성원들이 만날 수 있고, 친목을 도모할 수 있고, 구성원들 사이에서 더욱 가까운 유대를 제공하는 편의를 제공한다.
- 이러한 정당들은 대체로 정당 구성원들 간의 강한 이념적 유대를 기초로 한다. 정당 구성원들은 정당 회원 카드를 가지고 다닐 수도 있다.

▶ 또 다른 정당들은 좀 더 느슨하게 조직된 정당들이며, 자신의 관점이 정당의 가장 기본적인 정치적 신념과 정향을 대표하는 하나 이상의 핵심 당원과 대변인 집단으로 구성된다. 추종자들은 비조직적이고 쟁점과 의견 변화에 따라서 정당을 옮겨 다닐 수도 있다. 이 같은 정당들은 때때로 특정한 신념과 쟁점을 공유하는 다양한 집단들의 연합으로 형성된다.

▣ 정당 체제　　정당들은 일반적으로 "정당 체제"의 일부로서 존재한다. 정당 체제의 특징은 그 정치체가 가진 선거 제도의 유형에 따라 좌우된다.

▶ 그러므로 의원내각제는 좀 더 밀접하게 조직된 정당들을 갖는 경향이 있다 ; 의원들은 주요 쟁점에 대해 정당의 지도부에 따라 투표하지 않는다면 그들의 회원자격은 취소될 수 있기 때문에 "규율이 있다"고 말한다. 그러한 경우에 정당 지도자들은 그들이 다음 선거에서 자신들의 정당을 대표할 수 있도록 선택하지 않을 것이고, 그러면 그들은 의원 자격을 잃게 될 것이다. 정당에 밀착하는 것은 의원내각제에서 중요하다. 만약에 그렇지 않다면 정부가 붕괴할 것이고 정치적 불안정성이란 결과가 나올 것이기 때문이다.

▶ "권력 공유"체제, 특히 미국과 같은 거대하고 이질적인 정치체인 (때때로 "대통령"제로 오인되어 불려 지기도 하는) "공유된 권력" 체제는 느슨하고 "규율이 없는"정당으로 구성되는 정당 체제를 촉진시킨다. 정치적 안정성이 입법부에서 같

은 의견에 투표하는 정당 구성원에 의존하지 않기 때문이다. 그러므로 만약 정당 구성원들이 "규율이 있는" 단일의 연합으로써 투표하지 않더라도 정부는 "붕괴"되지 않는다. 또한 거대한 이질적인 사회에서 정당은 다양한 범위의 사회 집단들로부터 지지를 얻기 위해 좀 더 느슨하게 조직되어야만 한다.

» 다음에 대하여
어떻게 생각하는가?

1. 정당이란 무엇인가?
2. 민주주의 정부에서 정당들이 수행하는 주요한 역할은 무엇인가?
3. 정당의 규칙과 관련된 위험들이 있는가? 있다면, 무엇인가?
4. 의원내각제와 "권력 공유" 체제의 차이점과 같이, 정당 체제는 민주주의 정부의 유형에 따라 얼마나 다양한가?

🔢 이익집단

　이익집단이란 일반적으로 정부 정책에 영향을 미침으로써 대중들 또는 구성원을 위한 선 또는 혜택을 도모하기 위해 모인 개인 또는 집단으로 구성된 결사체를 말한다. 선출된 입법부 의원이 유권자를 대표하는 하나의 형태라면 이익집단은 다른 형태로 대표한다. 많은 이익집단들은 지리적으로 한정된 "구성원"을 갖고 있는, "지역적" 특성을 보인다. 많은 이익집단의 구성원들은 사회 전반에 걸쳐 널리 분포되어 있다. 이러한 이익집단들은 비슷한 직업을 가지고 있는 자들이나 이익집단의 활동으로부터 이익을 얻게 되는 특정의 견해를 공유하는 사람들과 같은 집단과 개인들로 구성된다. 이러한 대표는 종종 "기능적 대표"라고 불린다.

이익집단과 자유 사회　　결사의 자유가 민주주의의 기본이기 때문에 이익집단은 모든 자유 민주주의 국가에서 발견될 수 있는 자유의 결과로 존재한다.

> ▶ 이익집단의 존재는 자유 사회라는 것을 보여주는 일종의 표시이기 때문에, 이익집단은 "민주주의의 구현체"라고 불려왔다. 자유로운 개인은 각기 다른 의견과 이익을 가질 것이고, 자신과 의견과 이익을 공유하는 다른 사람들과 연합을 형성하려는 경향이 있다.

> ▶ 같은 이유로, 이익집단의 활동은 "민주주의에 대한 위협"이라고 불리기도 한다. 이익집단들은 종종 공공선을 희생시키는 대가로 회원들의 이익을 도모하려 하기도 하며, 다수의 희생을 대가로 소수의 이익을 도모함으로써 모든 시민의 평

등이라는 민주주의의 기본 원리를 잠식하기도 한다.

⊡ 이익집단의 종류　이익집단의 종류는 구성원의 특징과 이익집단의 목적에 따라 구분될 수 있다.

▶ **회원자격**　몇몇 이익집단은 노동조합 또는 제조업 단체와 같은 **조직들로 구성**되어 있다. 또 다른 이익집단은 몇몇 공통된 특징(예를 들어: 나이, 성별, 직업, 공공정책에 쟁점에 대한 견해, 공통 관심사)을 공유하는 **개인들로 구성**되어 있다.

▶ **목적**　이익집단의 목적은 일반적으로 그들이 전체 대중 또는 사회의 일부를 대표한다고 설명될 수 있는지에 따라 구분된다. 사회의 부분을 대표하는 이익집단들은 어떠한 경우이든지 변함없이 그들 구성원의 이익이 대중의 이익과 일치한다고 주장하는데, 그런 경우도 있고 또 그렇지 않은 경우도 있다. 같은 이유로 대중의 이익을 대표한다고 주장하는 이익집단도 그런 경우도 있고 그렇지 않은 경우도 있다. 그러나 아무리 좋은 의도를 갖고 있다고 하더라도 어떠한 집단도 공익 또는 공공선과 반드시 정확하게 동일하지는 않다.

● **"특수이익"집단**　이익집단의 한 가지 유형은 노동조합, 기업 단체, 교사들, 퇴직자, 그리고 여타의 어떠한 직업 또는 사회 집단의 이익과 같은 사회 부분의 이익을 추구하는 집단이다. 사회의 거의 모든 사람들은 이 같은 집단 중 적어도 한 가지 집단의 구성원이지만 이익집단들이 각

각 사회부분을 동등하게 대표한다는 것을 의미하는 것은
아니다. 예를 들어 가난한 사람들은 만성적으로 과소 대표
되는 집단이다.

- **"공익"집단** 이익집단의 두 번째 유형은 자신들이 대중의
  일부보다는 광범위한 대중을 대표한다고 주장하는 집단으
  로 구성된다.
  - 이 같은 집단은 "공익집단"이라고 불리며 구성원들이
    전체사회에 이익이 된다고 보는 목표를 추구한다. 이
    같은 집단은 환경을 보호하거나 소비자 이익, 정치적
    개혁, 그리고 이와 같은 것들을 촉진시키기 위해 조
    직된다.
  - 이 같은 집단이 그들이 옹호하는 정책을 공공선이나
    공공이익을 촉진하는 것이라 설명하기 때문에 꼭 이
    정책들이 실제로 공공이익을 반드시 촉진시킨다는 것
    을 의미하지 않는다.

이익집단의 기능과 활동   이익집단은 다음과 같은 것을 한다.:

- ▶ 특정 견해를 옹호하고 공공의 쟁점, 문제, 관심사에 대해 행
  동방침을 제안한다. 이 방법으로 그들은 정책문제에 대해 대
  중을 교육하고 중요한 정책분야들에 관심을 갖도록 돕는다.
- ▶ 법을 만들고 법을 집행하는 사람들인 공무원들과 상호작용함
  으로써 자신들이 대표하는 이익을 증진시킨다.
- ▶ 정책입안자 그리고 대중에게 공공이익에 대한 또는 그들이

대표하는 이익에 대한 정보를 제공한다.

▶ 집단이 관심을 갖고 있는 쟁점들을 제기하는 입법안이나 정책적 해결방안을 개발하기 위하여 일한다.

▶ 구성원들의 이익을 증진시키기 위해 입법부 의원과 그 관계자, 정부 관료들과 만나는 "로비스트"로 알려진 대표자를 고용한다.

▶ 정부프로그램의 효과를 평가하기 위해 그것의 시행을 감시한다.

▶ 가끔 의원들의 재선을 위해 돈을 기부하며, 거의 경쟁 후보에게도 기금을 제공 한다.

민주주의와 이익집단　　이익집단은 민주주의를 성취시키는 것으로 볼 수도 있고 또 민주주의에 대한 위협으로 볼 수도 있다.

▶ **민주주의를 성취시키는 것으로서의 이익집단**　　민주주의의 다른 특징 중의 하나로 민주주의는 결사의 자유가 필요하다. 이것은 구성원의 또는 공공의 이익을 향상시키려는 집단을 포함하여 모든 합법적인 목적을 추구하는 집단을 형성할 수 있는 자유를 말한다. 민주주의는 이러한 집단들 간의 자유로운 경쟁이며, 이러한 집단을 제거하기 위한 시도는 자유를 없애려는 시도라고 볼 수 있다.

▶ **민주주의를 위협하는 것으로서의 이익집단**　　반면에 민주주의를 위협하는 것으로 다음과 같은 것이 있다.

● **불평등**　　이익집단은 모든 사회집단들이 자신들의 주장을

동등하게 나타낼 수 없다는 점에서 민주주의에 대한 문제를 제기한다. 자원이 많은 집단이 가난하거나 조직이 없는 사람들이 속한 약한 집단을 희생시켜 자신들의 이익을 진척시킬 수도 있다.

- **돈과 선거**　이익집단은 후보자에 대한 재정적 기부를 통하여 선거결과를 왜곡함으로써 민주주의에 대한 위협을 일으킬 수 있다. 이러한 기부에 제한이 없고, 모든 정치적 기부와 지출이 완전히 공개되지 않는다면, 시민들은 선거가 매수되었다고 생각하기 때문에 민주선거의 정당성은 위태로워질 수 있다.

이익집단과 공공선　결국 공공정책이 이익집단에 의해 대부분의 사람들이 손해 보는 방향으로 통제되는 일이 없도록 보증하기 위해서는 그들을 선출하는 입법자와 유권자에게 달려있다 −공공선은 이것에 반대되는 이익을 위해 영구히 희생되지는 않는다. 시민과 뉴스매체가 공공정책을 성실하게 감시하고, 자신들을 대표하는 사람들이 공정성과 정직함과 같은 기본 성품을 갖고 있는 것 이외의 이와 같은 목적이 충족될 수 있는 마법과 같은 공식은 없다.

1. 이익집단의 유형에는 무엇이 있는가?

2. 자유 사회에서 이익집단의 존재는 필연적인 것인가? 왜 그러한가? 아니면 왜 그렇지 아니 한가?

3. 민주주의 정부에서 이익집단이 무슨 기능을 수행하는가?

4. 민주주의 정부에서 이익집단이 영향을 미치는 위험은 무엇인가? 이익집단이 공공정책에 실질적인 지배력을 가지고 있다면 그들은 민주주의에 대한 위협을 과하는가? 왜 그러한가? 아니면 왜 그렇지 아니 한가?

5. 공익집단이 사익집단보다 우수한가? 공익집단이 사실상 공공선을 나타낸다고 여길 수 있는가?

6. 모든 사람들은 자신들의 이익을 옹호하기 위해 하나 또는 그 이상의 이익집단에 접근할 수 있는가? 그렇지 못하다면, 결과는 무엇인가?

▨37 커뮤니케이션 매체와 민주주의
민주정치에서의 신문, TV, 라디오 그리고 인터넷의 역할

인간사에 정통한 한 관찰자는 일찍이 "권력은 부패하는 경향이 있다; 절대적인 권력은 반드시 부패한다"라고 말했다.(19세기 허버트 액톤 경). 민주주의는 이 지혜를 다양한 방법으로 구체화 했다. 권력을 제한하는 한 가지 수단은 대중 커뮤니케이션 매체("매체")에 행동의 자유를 주어 권력을 가진 자를 감시하고, 대중에게 그들의 행동을 보고하도록 하는 것이다. 매체에 노출될 수 있다는 위협이 종종 권력자들로 하여금 부정행위를 하지 못하도록 한다. 그럼에도 불구하고 부정행위가 발생했을 때에 매체를 통해 대중에게 알리는 것은 부정을 시정하기 위해서는 반드시 있어야 할 필요조건이다.

매체는 때때로 입법부, 행정부, 사법부 다음으로 "4번째 정부 부서"라 불린다. 매체는 전쟁, 정치 개혁, 공직자의 해임 그리고 그 밖의 목적을 위해 사람들의 지지를 모아들임으로서 실로 강력해 질 수 있다. 그러나 매체의 일부는 군중심리를 퍼붓거나 정보제공에 실패하거나 대중에게 잘못된 정보를 제공하기도 하는 등 항상 긍정적으로 작용하지는 않는다. 그러므로 조심성 있는 대중은 마치 정부 기관들에 절대적이고 맹종하는 신뢰를 해서는 안되는 것처럼 미디어에서 본 것에 관해서도 과도한 믿음을 가지는 것을 경계해야만 한다.

마지막으로 "매체"라는 단어는 단수가 아닌 복수라는 것을 기억해야만 한다. 매체는 어떠한 일을 "혼자서 하는" 하나의 실체가 아니다. 오히려 발전된 민주주의에서 매체는 시청자, 청취자 그리고 독자들을 둘러싼 사상의 시장에서 경쟁하고 있는 정보, 분석, 그리고 논평이 다양하게 배열되어 있는 원천이다. 예를 들어 개발도상국인 아프리카의 민주주의 국가 말리조차도 100개 이상의 독립된 라디오 방송국을 가지고 있다.

매체 그리고 "투명성"   다양한 수단들을 통해 민주주의는 정치 체제에 '절대적' 권력이란 없다는 것을 확실히 하려고 노력했다. 이러한 수단들 중 하나는 모든 권력의 핵심은 면밀히 감시될 수 있도록 즉 국가의 업무 처리는 상당할 정도로 "투명하게" 하도록 해야 한다는 것이다. 이것은 공공 업무에서의 비밀은 절대적으로 "최소한"으로만 지켜져야 한다는 것을 의미한다. 공공 업무는 대중에게 공개되어야만 한다. 그 예로서 다음과 같은 것이 있다.

- ▶ 사법 절차는 대중에게 공개되어야 한다.
- ▶ 입법과정은 대중에게 공개되어야 한다.
- ▶ 공공 업무와 관련된 청문회는 대중에게 공개되어야만 한다.

정부와 대중과의 연결   대중 커뮤니케이션 매체는 정부의 직무 처리와 대중 사이에 필수적인 연결고리를 제공한다.

- ▶ 매체를 통해서, 대중은 정부의 직무 처리를 "볼"수 있고, 경험할 수 있으므로 선거에서 정당과 공무원을 선택하는데 필수적인 공직자의 행위에 대한 판단력을 형성할 수 있다.
- ▶ 공공 업무가 매체에 전부 공개되지 않는다면, 사람들이 공공 정책의 형성에 직접적으로 참여할 수 없는 현대 대의민주주의는 효율적으로 운영될 수 없다.
- ▶ 민주주의가 의미 있기 위해서는 시민들이 정부 행위에 대해 공적인 판단을 하기 위해서 필수적인 정보를 정확하게 받을 수 있는 수단을 가지고 있어야만 한다.

매체의 독립성과 다수의 필요성 매체가 빈약한 정책 결정과 부적절하고 비효율적인 행정, 그리고 부패가 대중에게 폭로되는 것을 확실히 하는 공공 업무의 감시견으로의 기능을 수행하기 위해서는 분명한 특색을 가지고 있어야 한다. 정보는 민주주의의 통화와 같은 것이고, 이는 민주주의가 제대로 작동하도록 자유롭게 순환되어야 한다.

- ▶ 라디오와 (특히) TV는 가장 즉각적이고 강력한 공공 정보 매체이기 때문에, 정부 또는 친정부인사가 라디오와 TV 방송국의 소유와 운영에 대해 독점권을 가지지 못하도록 하는 것은 필수적이다. 정부의 통제와 위협, 또는 조종으로부터 완전하게 독립된 라디오와 TV 방송국이 있는 것은 민주주의적 과정에 있어 필수적이다.

- ▶ 인쇄매체 또한 같은 것이 요구된다. 대중에게 적당한 가격으로 자유롭게 이용되는 신문, 잡지, 그리고 정기 간행물에서 표현되는 관점은 정부에 대해 비판적이거나 적대적인 것을 포함하여 다양한 관점이 있어야한다.

- ▶ 특정한 상황을 제외하고 민주주의 사회에서의 정부는 인터넷의 내용을 통제하려는 시도를 자행해서는 안 된다. 하지만 예외 적인 것의 예로써 아동 포르노와 비밀로써 분류되는 정보와 같이 국가 안보에 영향을 주는 민감한 자료가 있다.

- ▶ 정부는 그 어떤 정보 매체에 대해 통제하거나 위협할 수 없어야 한다.

- ▶ 법은 언론이 공공의 감시견으로서 기능하도록 완벽하고 자유

로운 언론의 자유를 보장하여야한다. 예를 들어 명예훼손에
관한 법률은 어떠한 매체에 대해서든지 부정하게 위협하고,
처벌하거나 그렇지 않으면 매체의 보도를 막기 위한 수단으
로서 정부 또는 공인에게 이용되어서는 안된다.

▶ 정치적 발언과 언론의 자유는 종교적이거나 세속적인 의견을
대중에게 자유롭게 표현할 수 있는 것을 요구하고 또 필요
로 한다.

🔲 시민의 책임의식과 매체   민주주의 시민은 매체를 존중해야 할
책임이 있다.

▶ 시민은 자신들이 선택한 매체를 사용하여 공공 업무에 대해
정보를 얻을 의무가 있다.

▶ 시민은 정보의 다양한 출처가 선입견을 강화하는 단 하나의
출처나 소수의 출처보다 더욱 완전하고 균형 잡힌 시각을
갖게 해준다는 것을 의식해야 한다.

▶ 시민은 매체가 민주주의를 위협하거나 전복하는 것을 옹호하
는 경우를 제외하고 정부에 비판적인 매체를 억누르거나 위
협하는 시도에 대항하여 그들의 목소리를 높일 의무가 있다.

🔲 매체의 단점   민주주의에서의 매체는 몇 가지 결점을 보인다.

▶ 신문과 TV 방송국과 같은 언론 매체는 종종 뉴스를 보도하
는 방법에 있어 정치적인 편견이 있을 수 있고 또 자주 그
렇다.

▶ 뉴스의 주요 쟁점의 선정은 신문이나 라디오와 TV 방송국, 잡지 등의 정치적 성향에 따라 선택적 일 수 있다.

▶ 기사는 여러 방법으로 편향적일 수 있다; 그리고 신문의 헤드라인은 정치적으로 좌파 또는 우파에 대해 편향적이거나 또는 다른 계층에 비해 한 사회 계층에 대해 편향적일 수도 있다. 신문에서 1면에 있다거나 혹은 구석에 박혀 있다거나 하는 등의 기사의 위치 또한 편견을 반영하기도 한다.

▶ 언론 매체는 재정적 또는 정치적으로 압력을 받을 수도 있다.

▶ 공평한 방법으로 뉴스를 보도하는 것보다 여론을 조정하려는 이기적인 개인이나 집단이 언론 매체를 조종할 수도 있다.

매체에 관하여　정부만큼이나, 시민들은 "자유의 대가는 지속적인 감시다"라는 격언을 명심해야 할 것이다.

≫다음에 대하여 생각해 보시오.

1. 민주주의에서의 대중 커뮤니케이션 매체의 주요 기능은 무엇인가?
2. 효과적인 매체는 정부의 투명성과 책임성을 어떻게 증진시킬 수 있는가? 왜 정부의 투명성과 책임성이 민주주의의 중요한 특징인가?
3. 왜 매체의 독립성과 다양성이 민주주의에 필요한가?
4. 어떤 면에서 매체를 불완전한가? 이러한 결점을 극복하기 위해 시민들이 할 수 있는 것은 무엇인가?
5. 매체의 이용과 시민들의 책무 이행 사이에는 무슨 관계가 있는가?

📄 38 여론

여론이란 무엇인가?

여론은 쉽게 정의되지 않는다. 한편으로 "정치적으로 관련된 문제에 대하여 모든 사람이 가지고 있는 의견 전체"로서 생각 할 수도 있다. 그러나 이 경우 너무 방대해서 알기 어렵고 또 공적 생활에 대해 영향을 미치지도 못한다. 몇 몇 사람들은 "여론"으로 알려진 단일한 세력이 있는다는 점을 부정하기도 한다. 그러나 오늘날 민주주의에서 공적 생활에 있어서의 하나의 세력인 여론은 특정한 쟁점에 대해 대중이 생각하는 것 또는 여론 조사로 측정되는 특정 시기에 존재하는 일련의 쟁점을 말한다.

▶ 민주주의에서 여론의 역할 여론이 민주주의의 일부로서 역할을 해야 한다는 점은 일반적으로 인정된다. 결국, 시민들이 정부에서 중요한 역할을 수행하기를 바란다면, 그들이 생각하는 것을 입법자와 행정부 정책 결정자들도 중요하게 여겨야만 한다. 비록 그렇다 하더라도 2000년 이상 고대 그리스에서부터 시작된 민주주의의 비평가들은 여론이 갖고 있는 문제점들에 주목해왔다.

▶ 여론의 장점과 이점

- ▶ 여론은 대중에게 관심사의 지표로써 사용되고 있으며, 또한 대중들이 정부가 다루어야한다고 믿는 특정의 정책적 쟁점에 대한 인식을 증대시킨다.
- ▶ 여론은 정부의 정책과 선출된 공직자의 업적에 관한 시민들의 만족도의 측정치이다.

▶ 여론은 다양한 정책 제안에 대한 시민들의 선호를 평가하는
수단이며, 따라서 정책 대안을 선택하는 선출된 공직자들을
돕는다.

▶ 여론은 선출된 공직자에게 그들이 대표해야 할 의견을 결정
하는 수단을 제공한다.

▶ 의원내각제 체제에서는 여론은 때때로 집권하고 있는 정부가
의회 선거 시기를 결정할 때 이용된다, 즉 정부는 자신들이
압도적으로 승리할 기회가 있다고 믿을 때 선거를 치른다.

여론의 문제와 위험성

▶ 많은 사람들 또는 거의 대다수의 사람들은 쟁점에 대한 의
견을 표현할 때 쟁점에 대해 충분한 정보를 갖고 있지 않을
수도 있다.

▶ 전체 대중은 정부가 직면한 방대한 쟁점 전체에 대해 충분
한 정보를 갖고 있지는 않다. 충분한 정보 없이 형성된 여론
이 입법부 의원과 정책결정자를 좌우하게 된다면 위험하다
고 주장할 수도 있다.

▶ 여론은 부정적이고 사람을 현혹시키는 정치적 광고를 포함하
여 대중 커뮤니케이션 매체를 이용하는 교묘한 캠페인을 통
해 조작될 수도 있다.

▶ "여론"이라고 불리는 것은 예를 들어 어떤 질문할 것인가, 어
떤 질문은 하지 않을 것인가, 또 어떤 식으로 질문할 것인가
에 따라 다소 왜곡되는 여론 조사에 의해 형성될 수도 있다.

▣ 여론의 영향력에 대한 비평　　여론은 충분한 정보가 없이 형성될 수 있으며, 또 조작될 수 있기 때문에 비평가들은 여론의 영향력에 의구심을 품어 왔다.

> ▶ 몇몇 비평가에 의하면, 여론조사는 조심스럽게 사용되어야 하고, 비판적으로 평가되어야만 한다는 것이다.
> ▶ 다수의 비평가는 "여론"이 사람들이 생각하는 것을 나타낼 뿐만 아니라 생각해야 하는 것도 나타낸다는 것을 시사해왔다. 여론조사의 발표는 의견이 충분히 형성되지 않은 사람들에게 과도하게 영향을 미칠 수 있다.
> ▶ 더 심한 비판은 민주주의에서 여론이 억압적 세력이 될 수도 있다는 것이다. 이 관점에서 보면 개인은 자신의 의견이 여론과 대립되거나 여론에 의해 심리적으로 압도될 때 속수무책이 될 수 있다. 그러므로 여론은 "다수의 횡포"와 같이 저항할 수 없는 무기가 될 수 있다.
> ▶ 비평가는 또한 여론이 "변덕스럽게" 급격히 변화하기 쉽다는 점을 지적한다.

" 여론의 위험성에 대한 구제책 "

▣ 즉석의 판단 대 심사숙고한 의견: "여론"과 "공공의 판단"　　여론이 문제를 내포하고 있다는 특성과 민주주의에서 여론이 갖고 있는 영향력 때문에 이 주제를 연구하는 사람들은 여론에 대한 생각을 재구성하려는 시도를 해왔다.

▶ 충분한 정보가 없이 형성된 의견과 경솔한 의견은 다른 의
견들과 함께 탐구되고, 사고되고 또 숙고되어 온 의견과는
구별되어 질 수 있다.

▶ 이러한 과정의 결과 얻어진 의견은 이 과정을 거치지 않은
의견과 구별하여 "심사숙고한 의견" 또는 "공공의 판단"으로
불릴 수 있다.

■ **정보의 다양한 출처: 여론과 대중 매체**　　시민들이 다양한 확실
하고 훌륭한 출처로부터 정보를 얻는다면, 그들의 의견은 더욱 충분
한 정보를 바탕으로 형성되었으며, 더욱 현명한 것일 가능성 크다.
이러한 출처는 다양한 신문, 잡지, 정기 간행물뿐만 아니라 라디오,
TV, 인터넷 등이다.

▶ TV의 시각적인 직접성으로 의견에 미치는 영향이 특별히 크
기 때문에 시민들은 반드시 다양한 출처로부터 의견과 정보
를 얻어야 한다.

▶ 시민들은 또한 정보와 의견이 혼합될 수 있다는 것과 그들
을 구별할 수 있는 방법을 알아야만 한다.

▶ 인터넷의 의한 그릇된 정보가 존재하고 확산된다는 문제점에
주의를 기울여야만 한다. 거짓되거나 현혹시키는 다량의 "정
보"는 인터넷에서 발견된다. 특정 주장이 인터넷의 다양한
사이트에서 발견된다는 사실 그 자체만으로 타당성을 증명할
수는 없는 것이다.

다중 결사 개인이 다수의 시민 사회 집단에 속해 있다면 단일한 관점에 의해 "포획될" 가능성은 낮아질 것이다.

여론조사에 대한 비판적 추론 시민들은 여론조사의 방법론과 결과에 대해서 비판적으로 생각해야 한다. 예를 들어 시민들은 다음과 같은 것을 고려해야만 한다.

- ▶ 무엇을 묻고 있고, 무엇을 묻지 않는지, 그리고 물음을 중립적으로 표현하는지에 대한 것
- ▶ 정확한 해독을 위해 충분히 큰 샘플이 사용 되었는 지와 조사 대상자를 선택함에 있어 과학적인 표본추출이 되었는지에 대한 것
- ▶ 조사로부터 도출된 결론이 통계적인 결과에 의해 지지되는지에 대한 것

비판적인 판단의 필요 시민들이 우연히 또는 고의적으로 오도되지 않으려면, 시민들은 인쇄매체와 전자 매체와 같은 모든 대중매체에서 발견되는 정보의 출처와 사실적 주장에 대해 비판적으로 판단을 하는 것을 배워야만 한다. 시민들은 공공 문제에 대한 자신들의 관점을 형성할 때 스스로 생각하도록 하고, 또 다른 사람들과 쟁점을 논의하도록 좋게 조언을 얻을 수 있다.

대중매체, 여론, 그리고 민주주의 여론을 형성하는 대중매체의 힘 때문에 **모든 주요 범주의 매체에 있어서** 자유롭게 표현된 사설을 다양한 출처에서 접할 수 없다면, 특히 권력을 잡고 있는 정부에 비판적인 출처가 없다면 민주주의는 난이하거나 불가능하다.

▶ 다양한 커뮤니케이션 매체를 읽고, 영향을 받는 사람들은 신문, 라디오와 TV방송국, 다른 인쇄 매체뿐만 아니라 인터넷이 특정 이익의 도구가 될 수 있고, 대중을 오도시킬 수 있다는 것을 알아야만 한다.

▶ 이러한 이유로 때문에 비판적이고 회의적인 시각이야말로 민주적 시민의 필수적인 도구인 것이다.

≫다음에 대하여 생각해 보시오.

1. 민주주의에서 여론의 역할은 무엇인가?
2. 여론이 민주주의에 대해 지니는 위험은 무엇인가?
3. 시민들은 여론의 위험을 줄이기 위해 무엇을 할 수 있는가?
4. 여론의 존재는 민주주의의 기본 사상인 국민에 의핸 통치를 어떻게 충족시키는가?
5. 여론에 따르는 정부의 강점과 약점은 무엇인가?
6. 여론과 대중 커뮤니케이션 매체와의 관계는 무엇인가?

🔢 선거와 투표

선거와 투표는 민주주의 과정의 가장 핵심에 있다. 선거에서 투표를 함으로써 주권자인 인민은 누가 정부의 권력을 행사하고 제안한 법안이 법이 되도록 하는 것과 같은 여타의 결정을 주로 하는가를 결정한다. 민주주의가 성공적으로 실현되기 위해서는 주권 행사 과정이 흠이 없어야 한다는 점에 타협이 있을 수 없다. 주권자인 인민은 그들의 목소리가 정확하게 선거 과정에 반영이 되어야 함을 알아야 한다.

❝ 선 거 ❞

모든 선거가 민주적 선거는 아니다. 게다가 민주적 선거가 민주주의의 한 요소일 뿐이기 때문에 민주적 선거를 실행하는 것 그 자체가 나라를 민주주의로 만드는 것은 아니다. 민주주의의 다른 요소들에는 개인의 기본 권리 보호와 입헌정부의 다른 측면들이 포함된다. 그럼에도 불구하고 선거는 민주주의의 가장 중심적인 제도중의 하나이다. 민주적이 되기 위해서 선거는 특정 요구를 충족해야 한다.

▨ 선거는 자유로워야만 한다.

- ▶ 남자와 여자를 포함한 **모든 성인 시민들**은 투표를 할 수 있어야 하고, 또 공직에 출마 할 수 있어야 한다.
- ▶ **모든 민주적 정당**은 선거에서 경쟁할 수 있어야만 한다. 그러나 많은 민주주의자들은 민주주의는 자살 협약이 아니기 때문에 민주주의를 무너뜨리기 위해 권력을 쟁취하려는 당

을 제외시키는 것은 정당하다고 주장한다.

- **모든 개인, 후보자 그리고 정당**은 자신들의 정치 프로그램을 옹호할 수 있는 언론의 자유와 출판의 자유가 보장되어야 한다.

▣ 선거는 공정해야만 한다

- 모든 정당은 평화적인 정치 집회를 열 수 있는 권리, 정치적 팸플릿과 책을 출판할 수 있는 권리, 그리고 정치적 포스터 (전단 광고)와 표시를 출판하고 내걸 수 있는 권리를 갖고 있어야 한다.

- 정당은 정치적 인쇄물을 자유롭게 대중에게 배포하는 것이 허용되어야 한다.

- 정당은 후보자명부에 올라갈 수 있는 자격을 얻기 위한 공정한 절차가 있는 명백한 규칙을 통해 후보자명부에 접근할 수 있어야 한다.

- 중요한 정당과 후보자들은 TV와 라디오를 포함한 대중 커뮤니케이션 매체 수단에 동등하게 접근할 수 있어야 하고, 대중을 향한 연설이 금지되어서는 안 된다. 이것은 집권 정당만이 TV에 나타나거나 라디오에서 들을 수 있는 유일한 정당이 되어서는 안 된다는 것을 의미한다.

- 정부는 선거 과정에서 다른 당에 비해 어느 한 당에 대해 과도한 이익을 제공하는 대책을 착수해서는 안된다.

⬛ **선거는 정기적이어야 한다**　선거는 고정된 일정 간격 내에 즉 매년, 격년, 또는 매 4년과 같이 미리 정해진 일정한 주기 내에 실시되어야 한다.

⬛ **선거는 자주 개최되어야 한다**　인민들은 헌법을 통해 선거가 얼마나 자주 실시되는지를 결정해야만 한다. 그러나 선거와 선거 사이의 기간이 너무 길어서는 안 된다. 공직자들이 장기간에 걸쳐 대중의 판단에서 벗어날 수 있다면 유권자들은 정치적 권위를 위탁받은 사람들에 대한 통제를 가할 수 없다.

⬛ **선거의 목적**　민주주의 선거는 다양한 목적에 따라 실시된다. 가장 공통적인 목적은 공직에서 일할 후보자들을 선출하는 것이다. 여타의 선거는 예를 들어 법안을 결정하기 위한 것일 수 있다. 일반 시민들에 의해 제안되는 법안은 "국민발안"라고 부른다. 정부에 의해 제안되는 법은 "국민투표"를 거친다. 어떤 체제에서는 국민투표는 입법부에서 미리 통과된 이후에 승인을 받기 위해 유권자들에게 제시된다. 어떤 체제에서는 유권자들이 선출된 공무원을 공직에서 퇴출시키기 위해 선거("소환투표"라 불리는)에 참여할 수도 있다.

❝투 표❞

선거에서 투표란 어느 공직 후보자가 권력을 차지할 것인가 그리고 흔히는 (바로 설명한 바와 같이) 다양한 다른 일들을 결정한다. 투표과정은 결과적으로 어떠한 민주주의 정치 체제에서도 필수적인 과정이다. 이러한 이유로:

■ 투표는 공정하고 정직해야만 한다　투표과정, 무기명 투표 그리고 득표 계산에서 흠이 없어야 한다는 것은 공개적으로 볼 수 있는(투명성) 방식으로 보호되어야 한다. 그러므로:

- ▶ 정당한 유권자는 배제되어서는 안 된다.
- ▶ 부적격한 사람은 투표가 허용되어서는 안 된다. 대부분의 민주주의에서는 예를 들어 시민이 아닌 사람에게 투표를 허용하지 않는다.

■ 투표는 비밀이 지켜져야 한다　비밀 투표가 사용되어야만 한다.

- ▶ 모든 유권자들은 그들이 어떻게 투표하는지 누구도 알 수 없게 투표할 수 있어야 하며 투표 행위의 프라이버시를 인식할 수 있어야만 한다. 비밀 투표가 이루어지지 않는다면 유권자들은 협박이나 노골적인 위협의 대상이 될 수 있다.
- ▶ 시민 개개인의 투표는 다른 모든 유권자와 동등해야 한다. ; 각각이 계산될 수 있어야 한다.

■ 시민들은 위협받지 않아야만 한다　자신들이 원하는 사람에게 투표하는 것 때문에 위협받아서는 안 된다. 투표장소는 유권자들이 그곳에 있는 것을 두려워하지 않게 안전해야 한다.

■ 시민들은 투표장소의 위치를 알아야 한다　선거당일에 투표장소의 위치를 알아야만 한다. 이러한 지식이 없다면 투표권은 무효가 된다.

▣ 정부는 선거에서 다른 당에 비해 어느 특정 당에 이익을 제공하는 대책을 착수해서는 안된다

▣ 정부와 정당은 분리되어져야만 한다

▶ 선거에서 승리하였다고 해서 승리한 정당이 정부를 소유하는 것이 아니다. 정부는 집권 정당이 배타적으로 소유하는 것처럼 보여서는 안 된다.

▶ 정당과 정부의 분리를 확실시하기 위해서, 공무원 제도는 정부 고용인이 집권 정당에 의해서 법의 지배를 손상시키게 강제되지 않도록 하기 위해 적절해야 한다.

≫ 다음에 대하여 생각해 보시오.

1. 왜 투표가 민주주의의 핵심적인 요소인가?
2. 비밀투표의 중요성은 무엇인가?
3. 왜 정부와 정치정당이 분리되는 것이 필수적인가?
4. 왜 선거가 민주주의의 핵심적인 요소인가?
5. 인민 주권과 선거와의 관계는 무엇인가?
6. 왜 민주적 선거 그 자체만으로는 민주주의가 되기에 불충분한가?
7. 선거가 민주적이기 위해서 자유, 공정, 규칙성 그리고, 빈도수의 중요성은 무엇인가?

VIII

결 론

　　민주주의는 특정 사상이 실천되도록 하는 것에 관한 것이다. 이는 사상과 행동 모두 실행되는 것을 요구한다. 민주주의가 성공적이 되기 위해서 공공 제도들은 민주주의 이념을 구체화하고 시행해야만 한다. 그러나 시민들은 민주주의의 핵심에 있다; 민주주의자 없이는 민주주의란 있을 수 없다. 가장 단순하게 말해 민주주의가 확립되기 위해서는 그리고 한번 확립된 민주주의가 변질되지 않도록 하기 위해서는 다수의 시민들이 민주주의 사상이란 무엇인지 그리고 이러한 형태의 정부가 자신들에게 무엇을 요구하는지 그에 따라 어떻게 행동해야 하는 지를 이해하고 있어야 한다.

　　민주 시민들의 공적인 삶 즉 시민적인 삶은 부분적으로는 시민으로서의 공식적인 책임을 충족시키는 것에 관한 것이지만 그 이상의 것이다. 민주주의가 번성하기 위해서는 그리고 성장하고 번영하고 민주주의가 약속하고 있는 것을 충족시키는 방향으로 일정 거리 나아가기 위해서는 시민들은 기꺼이 그리고 의식적으로 "민주주의의 정신"이라 불리는 것을 지키며 살아야만 한다. 민주주의 사상과 제도에 대한 수용과 애착이 깊어짐에 따라, 공식적인 민주주의 의식과 실천과는 별개로 시민들은 자신들의 일상의 일에서 민주주의 원리를 지키며 살아가도록 하고, 이러한 원리들이 암시하는 **사조**-널리 퍼져있는 정신과 사고방식을 이해하는 방법과 그것을 실천하는 것이 무엇을 촉진시키는지를 발견하게 된다. 아브라함 링컨이 "나는 노예가 아니기 때문에 주인도 아니다. 이것이야말로 나의 민주주의 사상을 표현하는 것이다. 이것과 다른 것은 그 무엇이든 차이가 나는 만큼 민주주의가 아니다"라고 말했을 때, 그는 바로 이러한 정신을 표현했던 것이다.

사회생활의 일상적인 업무에서 다른 사람들을 동등한 시민으로 대우하는 것은 민주주의적 **사조**를 실천하는 하나의 예이다. 오랫동안 확립되어 온 민주주의 체제에 온 외부 사람들은 민주주의가 홀로 기능하는 제도가 아니라 사회적 교제와 일상생활의 일반적인 활동에 없어서는 안 되는 것이라는 것을 명확히 알게 된다. 바꿔 말하면 그들은 민주주의를 **삶의 방식**으로써 이해하게 된다.

그러나 민주주의체제에서 생활한다는 것이 반드시 쉬운 것은 아니다. 일단 발전되고 상대적으로 안정되게 되면, 민주주의는 실제로 안정되고 풍요로운 삶의 기회를 제공할 것이다. 그러나 번영이 보장되는 것은 아니며, 이러한 정부의 형태로 이행하는 국가에게 민주주의가 부자가 되기 위한 지름길을 확실하게 제공하지 않는다는 것이다.

게다가 **민주주의**로써 민주주의는 항상 불완전하다. 인간은 불완전한 존재이며, 그리고 민주주의 제도와 실천이 성공적으로 부상하게 되더라도 인간의 본성은 변하지 않기 때문에 불완전하다. 실제로 민주주의가 갖고 있는 지독한 불안정성은 민주주의 연구자들이 민주주의의 "더러움"에 대해 논평하도록 부추겼다. 오늘날 나쁘지만 성공한 민주주의는 내일 변질될 수도 있고, 권위주의는 원인이 무엇이었든지 혼란해진 사회에 대해 질서 또는 풍족함을 회복시킨다는 약속의 대가로써 돌아올 수도 있다.

가장 발전된 민주주의에서조차도 일반적으로 공적 부패 즉, 신랄한 논쟁과 지루한 당파적 논쟁, 당파적 세력이 교묘하게 유권자를 기만시키는 것 그리고 여타의 많은 것들을 경험한다. 그러므로 민주주의는 참된 헌신, 자발적인 노력 그리고 어느 정도의 인내가 필요하다. 또한 민주주의는 적절한 정도의 신념, 즉 아무리 사람과 제도를 오도하더라도 민주주의자들이 자신들의 후보자나 정책이 받아들여지지 않은 다음에도 쉽사리 포기하지 않고 공공 일에 다시 한 번 도전한다면 미래의 사건들이 그들이 진실함을 밝혀줄 것이기 때문에 내일은 더욱 밝아 질 것이라는 신념이 필요하다.

윈스턴 처칠에 따르면 "민주주의는 다른 모든 것들을 제외한다면 최악의 정부 형태이다." 시민들은 이 빈정대고 애매하지만 의미심장하게 민주주의를 옹호하는 이 말을 심사숙고해야 할 것이다. 민주주의가 고질적인 어려움에 직면할 때, 시민들이 시민적 삶에 대한 관심으로부터 후퇴하는 것은 어려움을 더 심각하게 만들 뿐이다. 현명한 시민들은 민주주의 이념, 가치 그리고 제도를 보존하는 것이 얼마나 위태로운 것인지 심사숙고 할 것이다. 시민과 비시민의 기본적인 권리가 똑같이 효과적이고, (비록 불완전하더라도) 일관되게 보호되는 점잖은 공공 생활은 인류가 갈망하는 최고의 성과물 중의 하나이다. 통치자가 올바른 행동을 하도록 하는 정치체제를 확보하는 것은 당연한 것이거나 또는 절망 끝에 포기되는 것이 아니라 싸워서 얻어지는 소중한 상이다.

여기서 제시된 "민주주의의 원리"는 민주주의 정체 체제와 이 체제의 기초를 이루는 사회 질서의 복잡성에 대한 이해의 시작으로 의도된 것이다. 그것들은 비록 어떠한 주제에 대해서 결정적인 말을 하지는 않는다 하더라도 민주주의를 이해하는 방향으로 가고 있는 개척자이다.

전체적으로 볼 때, 이러한 "원리"들은 세계가 더욱 가까워짐에 따라 민주주의자들이 시간과 공간을 가로 질러 점점 더 문화와 문명을 초월한 끊임없는 대화에 끼어들 수 있게 만드는 용어들이다. 이러한

개념과 원리가 자라나는 세대에 의해 어떻게 해석되는지 그리고 실
현되는지 혹은 단지 염원하는 체 남아 있게 되는지 또는 거부되는지
가 민주주의의 미래를 구성한다. 그리고 좋게 되는 나쁘게 되든지
민주주의의 미래에 인류의 미래가 있다는 것은 틀림없이 분명한 것
이다.

IX

참고문헌

주요 고전들
현대의 주요 저작들
인터넷 자료

주요 고전들

Aristotle, *Politics* (c. 350 B.C.), ed. Stephen Everson. Cambridge, England: Cambridge University Press, 1988.

Aristotle, *Nicomachean* Ethics (c. 350 B.C.), ed. Roger Crisp. Cambridge, England: Cambridge University Press, 2000.

Jay, John, Alexander Hamilton and James Madison. *The Federalist Papers*(1788), ed, Clinton Rossiter. New York: New American Library, 1961.

Jefferson, Thomas. the Declaration of Independence, 1776.

Locke, John. *Second Treatise of Civic Government (An Essay Concerning the True Orginal, Extent and End of Civil Government)*. 1690. ed, Peter Laslett. Cambridge, England: Cambridge University Press, 1960, 1988.

Mill, John Stuart. *On Liberty*. 1859. New York: Modern Library, 2002.

Mill, John Stuart. *Considerations on Representative Government*. 1861. London: Everman Publishers Ltd., 2001.

Plato, *Republic (c. 360 B.C.)*, Book VIII. Trans. Allan David Bloom. New York: Basic Books, Inc., 1991.

Tocqueville, Alecis de. *Democracy in America*. vol.1, 1835; vol.2, 1840, translated and edited by Harvey C. Mansfield and Delba Winthrop. Chicago: University of Chicago Press, 2002.

U.S. Constitution and Bill of Rights. 1787 & 1791.

현대의 주요 저작들

Almond, Gabriel, and Sidney Verba. *The Civic Culture: Political attitudes and Democracy in Five Nations.* Princeton: Princeton University Press, 1963.

Barber, James David. *The Book of Democracy.* Upper Saddle River, NJ: Prentice－Hall, 1995.

Butler, David, and Austin Ranney, eds. *Electioneering: A Comparative Study of Continuity and Change.* Oxford and New York: Oxford University Press, 1993.

Ceasar, James. *Liberal Democracy and Political Science.* Baltimore: Johns Hopkins Press, 1992.

Cigler, Allan J. and Burdett A. Loomis, eds. *Interest Group Politics*, 4th edition. Washington, DC: Congressional Quarterly Press, 1994.

CIVITAS: A Framework for Civic Education, C.F. Bahmueller and Charles N. Quigley, eds. Calabasas, CA: Center for Civic Education, 1991.

Constitutionalism, Nomos XX, Roland Pennock and J.Chapman, eds. New York: New York University Press, 1979.

Crespi, Irving. *The Public Opinion Process: How the People Speaks.* Mahwah, NJ: Lawrence Erlbaum Associates, Inc., 1995.

Dahl, Robert A. *On Democracy.* New Haven: Yale University Press, 1998.

Dahl, Robert A. *Democracy and Its Critics.* New Haven: Yale University Press, 1989.

Dahl, Robert A. *Polyarchy: Participation and Opposition.* New Haven: Yale University Press, 1971

Dahl, Robert A., Ian Shapiro and José Antonio Cheibub, eds. *The Democracy Sourcebook*. Cambridge, MA: MIT Press, 2003.

Diamond, Larry, *Developing Democracy: Toward Consolidation*. Baltimore: Johns Hopkisn University Press, 1999.

Diamond, Larry, ed. *World Religions and Democracy*. Baltimore: Johns Hopkins University Press, 2005.

Diamond, Larry and Marc Plattner eds. *The Global Resurgence of Democracy*. Baltimore: Johns Hopkins University Press, 1996.

Diamond, Larry and Marc Plattner eds. *The Global Divergence of Democracy*. Baltimore: Johns Hopkins University Press, 2001.

Diamond, Larry and Marc Plattner eds. *Democracy after Communism*. Baltimore: Johns Hopkins University Press, 2002.

Duverger, Maurice. *Political Parties: Their Organization and Activity in the Modern States*. New York: John Wiley, 1954.

Elazer, Daniel. *Exploring Federalism*. Tuscaloosa, AL: University of Alabama Press, 1987.

Foundations of Democracy: Authority, Justice, Privacy, and Responsibility. Calabasas, CA: Conter for Civic Education, 1993.

Friedman, Milton. *Capitalism and Freedom*. 40th anniversary edition. Chicago: University of Chicago Press, 2002.

Friedrich, Carl J. *Constitutional Government and Democracy*. New York: Ginn and Company. 1950, 1968.

Friedrich, Carl J. *The Pathology of Politics: Violence, Betrayal, Corruption, Secrecy, and Propaganda*. New York: Harper and Row, 1972.

Grofman, Bernard, and Arend Lijphart, *Electoral Laws and Their Political*

Consequences. New York: Agathon Press, 1986.

Hayek, Freidrich A. von. *The Constitution of Liberty.* Chicago: University of Chicago Press, 1960.

Journal of Democracy, ed., Larry Diamond and Marc F. Plattner. Quarterly publication. Baltimore: Johns Hopkins University Press, 1990 − present.

Lipset, Seymour Martin, editor − in − chief. *Encyclopedia of Democracy, The.* 4. vols. Washington, DC: Congressional Quarterly Press, 1995.

Lively, Jack. *Democracy.* Oxford: Basil Blackwell Publishers, 1975.

Manent, Pierre. *Tocqueville and the Nature of Democracy.* LanHam, MD: Rowman and Littlefield Publishers, Inc., 1996.

Melquior, J.G. *Liberalism Old and New. Boston*: Twayne, 1991.

Michels, Robert. *Political Parties: A Sociological Study of the Oligarchical tendencies of Modern Democracy.* Trans. eden and Cedar Paul. (1915) New York, Collier, 1962.

Meiklejohn, Alexander. Political Freedom: *The Constitutional Powers of the People.* New York: Harper, 1960.

Milbrath, Lester W. *Political Participation.* Lanham, MD: University Press of America, 1982.

Plattner, Marc F. "*Human Rights,*" in *The Encyclopedia of Democracy,* vol.2., Seymour Martin Lipset, editor − in − chief. Washington, DC: Congressional Quarterly Press, 1995.

Rosenblum, Nancy L., and Robert C. Post, eds. *Civil Society and Government.* Princeton: Princeton University Press, 2002.

Sartori, Giovanni. *The Theory of Democracy Revisited.* Chatham, NJ: Chatham House Publishers, 1987.

Sinopali, Richard C. *The Foundations of American Citizenship: Liberalism, the Constitution, and Civic Virtue.* Oxford: Oxford University Press, 1992.

Sorensen, Georg. *Democracy and Democratization: Processes and Prospects in a Changing World.* Scarborough, Ontario: Harper Collins Canada, 1998.

Waldron, Jeremy. *The right to Private Property.* Oxford and New York: Oxford University Press, 1988.

Stockton, David. *The Classical Athenian Democracy.* Oxford and New York: Oxford University Press, 1990.

Wang, Hongying, and James N. Rosenau. "Transparency International and Corruption as an Issue of Global Governance," in Paul F. Diehl, ed., The Politics Of Gloval Governance: International Organizations In An Interdependent World. Boulder, CO: Lynne Rienner Publishers, 2005.

인터넷 자료들

Internet resources on democracy are vast. Items found below are a select few of the many thousands of excellent resources available from this medium.

Civitas International. *Civnet.org.* Resources and information about the Civitas International organization. Includes links to newspapers around the world.

See also *www.civiced.org,* website of the Center for Civic Education

Democracy. Books and articles on democracy.

www.questia.com / Index,jsp? CRID =democracy℧~OFFID =se1

Democracy Research Guide, National Endowment for Democracy.

www.ned.org/research/demresources/intro.html

E－Democracy Resources. *www.publicus.net/articles/edemresources.pdf.*

Electronic democracy resources

Elections and democracy.

> *http://worldnews.about.com/od/democracyelections.*

Links and resources on democratization, democratic elections, and democracy issues around the world.

Freedom House. *www.freedomhouse.org.* Annual report on the progress or regress of freedom in each of the world's nations.

Kids Voting. *www.kidsvotingusa.org/page9650.cfm.* Online program for K －12 classes seeks to foster educated, engaged voters among American youth.

Mass media and political accountability. Political science paper on this topic.

http://econ.lse.ac.uk/ ~tbesley/papers/medbook.pdf.

National Endowment for Democracy. *www.ned.org/*

A variety of resources for the support of democracy around the world.

National Student / Parent Mock Election. *www.nationalmockelection.org.* Organizes mock elections in American classrooms to foster informed and responsible voters.

Res Publica: An International Framework for Education in Democracy (1996－2004); at *www.civiced.org.* An exposition of concepts that define and underlie the idea of democracy, its basis, and its institutions.

Transparency Internatioanl: The Gloval Coalition Against Corruption. *www.transparency.org.* Transparency International is an international non−governmental organization devoted to combating corruption by linking civil society, business, and governments.

World Movement for Democracy. *www.wmd.org.* Worldwide network of organizations promoting democracy.

· 저자 ·

김왕식   •약 력•

현 이화여대 교수 (1991–현재)

연세대학교 정치외교학과 졸업 (정치학사)
연세대학교 대학원 정치학과 졸업 (정치학 석사)
University of Missouri-Columbia (Ph.D)
University of Missouri-Columbia , Visiting Assistant Professor
일본 게이오대학 방문교수

•주요논저•

「연구논문」
"IMF, Economic Stabilization and Class Conflict in the Third World"
"The New Mixed Electoral System in Korea: Ticket Splitting, Party
  Arrangement and Voting Turnout"
"Assessment of Electoral Reform in Korea"
"한국의 외환위기: 원인과 과정"

『저서』
한일 경제협력의 정치경제
한국정치과정: 제도의 운용과 정치의식

외 다수

한국법교육센터 법교육총서시리즈 6

정치교육론
-민주주의 정치의 기본 원리와 과정-

• 초판 인쇄	2008년 6월 25일
• 초판 발행	2008년 6월 25일
• 옮 긴 이	김왕식
• 펴 낸 이	채종준
• 펴 낸 곳	한국학술정보㈜
	경기도 파주시 교하읍 문발리 513-5
	파주출판문화정보산업단지
	전화 031) 908-3181(대표) · 팩스 031) 908-3189
	홈페이지 http://www.kstudy.com
	e-mail(출판사업부) publish@kstudy.com
• 등 록	제일산-115호(2000. 6. 19)
• 가 격	27,000원

ISBN   978-89-534-9207-3 93340 (Paper Book)
        978-89-534-9208-0 98340 (e-Book)